ミドルエイジからの〝がんばりすぎない〟ランニング

中野ジェームズ修一
フィジカルトレーナー
アメリカスポーツ医学会認定運動生理学士

扶桑社

はじめに

あなたがランニングを選んだのは「大正解」

近年、公園や河川敷、街中でたくさんのランナーを見かけるようになりました。2007年に東京マラソンがスタートして以降、全国各地でさまざまなマラソン大会が開催されています。皇居などのランニング名所の周辺には拠点にできるランニングステーションがありますし、ランニングステーションとしての利用が可能な銭湯もあります。24時間利用可能なトレッドミルを備えたジムも増えています。

ランニングは時間や場所を選ばずにできるのが魅力ではありますが、より楽しみやすい環境が整ってきているといえるでしょう。

本書を手にとってくださったということは、あなたはランニングを始めようとしているのか、久しぶりに再開しようとしているのか、もしくはすでに走り始めているランナーのいずれかだと思います。走り始めようと思ったきっかけは、ダイエットかもしれませんし、健康維持かもしれませんし、生涯続けられる趣味を見つけようと思ったのかもしれません。

まず、お伝えしたいのは、**数ある運動、ダイエット法、健康法の中から、ランニングを選択したのは大正解**ということです。あなたは、あなたの人生における大切な宝物を発見したといえるかもしれません。

本書ではミドルエイジの人にとって、いかにランニングが価値あるものなのか、どれほど健康効果をもたらすものなのかといったことを紹介していきます。

ダイエットはもちろん、脳の活性化や生活習慣病予防、アンチエイジングなどなど。それはのちほどご紹介します。

読み終えるころには、今以上にランニングをしたくなり、ランニングが好きになり、ランニングと出合えたことに喜びを感じていただけるのではないかと思っています。

ランニングはきわめてシンプルで、複雑なスキルを習得する必要がありません。もちろん、スピードを追求していけば、それに適したフォームを習得しなければいけませんが、シューズさえあれば、今すぐ家を出て走り始めることが可能です。

最初に越えなければいけないハードルがとても低く、時間も場所も自分で決めることができます。

誰もが気軽に始められるスポーツなのです。

脂肪燃焼効果が高く、生活習慣病予防に効果的なランニングは、ミドルエイジの人にこそ積極的に取り組んでほしいスポーツです。のちほど詳しく説明しますが、メリットばかりでやらない理由を探すほうが難しいほどです。

はじめに

一方で、いくつか注意点があることも確かです。たとえば「走った距離は裏切らない」という言葉があります。アスリートが競技レベルを高めるためには、走行距離がとても重要で、走った分だけ強くなるというのは、ある側面から見れば真理といえなくもありません。

しかし、健康やダイエットのため、趣味のために走るミドルエイジランナーは、走りすぎると裏切られることがしばしばあります。

膝痛といったランナーに多くみられる障害は、走りすぎが大きな原因になりますし、疲労の蓄積はオーバートレーニング症候群につながります。暑い中でがんばりすぎれば熱中症のリスクも高まります。また、脂肪燃焼を目的とした場合は、がんばって速く走ることがかえって効率を悪くしたりもします。

健康のために始めたランニングでケガをしてしまうのはとてももったいないことですし、せっかく健康やダイエットのために走るのであれば、なるべく効果的かつ効率よく走りたいものです。

ミドルエイジの人が**ランニングを始めるとき、何に注意して、どんなケアをするべきなのか、そしてトラブルが生じたときにどう対処するべきなのか。**それらも、論理的かつわかりやすくお伝えします。

ただひとつ「がんばりすぎない」こと。それだけはとても大切なので本書を読んでいる間は、頭に入れておいてください。

人生１００年時代といわれるようになりました。２０２１年には、日本人の平均寿命は、男性が81・４７歳、女性が87・５７歳。１９８０年と比較すると、平均寿命は男女ともに８歳以上延びていますし、国内の１００歳以上の高齢者が８万人を超えているとのことですから、１００年というのも決して大げさではないでしょう。

昨年、厚生労働省が発表した「第17回中高年者縦断調査」によれば、第１回調査から健康状態がずっといいと回答した人に、健康維持のために心がけていることを聞いたところ「適度な運動をする」という答えが最も多かったようです。

現在、85歳の私の父も70歳からウォーキングを始めて、ジョギングができるようになり、今ではその日の体調に合わせながらほぼ毎日歩いたり、ジョギングしたりしています。

ランニングを始めるのに遅すぎるということはありません。高齢者になって走り始め、そして続けられるものなのです。

いろんな経験から人として成熟し、地に足がついてきた40～50歳という世代。ですが現代社会において、ミドルエイジはまだまだ若者。そんな気持ちを持って、ランニングを楽しんでもらえたらと思います。

そしてこれからずっと長く付き合っていけるものになればうれしいです。

Contents

Episode 1

第1章

〝がんばりすぎない〟ランニングの始めかた

POINT

これから始める ランニングについて

☑ "走りたい"という気持ちをどれだけ育てられるか

健康維持のため、ダイエットのため、リフレッシュのため。さあがんばろうとランニングを始めてみたものの、いざ走りだすとキツくて長くは続けられなかった……という経験がある方もいるかもしれません。

運動不足のランニング初心者が、いきなり何十分も、何キロも走り続けるのは難しいと思います。学生時代に運動部だったという人でも、社会人になってミドルエイジになるまで運動から離れていれば、当然、かつてのように走ることはできません。

そもそも走るための筋力が不足しているから、無理して走り続けると、股関節や膝の関節などに過度な負担がかかりケガをする恐れもあります。

ランニングは、着地の際に体重の約3倍の衝撃が脚にかかるともいわれています。運動不足で筋力がおとろえた脚で、若いころよりも脂肪をたくわえた体を支えるのは、なかなか大変な作業であることを認識しておきましょう。まずは、はやる気持ちをおさえて、がんばりすぎないことが大切です。

そこで、これからランニングを始めよう、久しぶりにランニングを再開しようと思っているみなさんにとっておきのアドバイスがあります。それは、**ランニングをしていて苦しくなったら歩けばいいし、まずはウォーキングから始めてもOK**ということです。

運動による健康効果は、継続することで得られます。残念ながら1日、2日ランニングをしたところで、体に大きな変化が起こることはありません。そして、継続するにはランニングをする時間を楽しいものにすることがなによりも大切です。

キツいなと感じているのに無理して走り続けると、そのときはスッキリするかもしれませんが、疲れた、嫌だ、苦しい、脚が痛いといったネガティブな感情が記憶に色濃く残ってしまいます。それを繰り返しているうちに、ランニング自体が嫌いになってしまうでしょう。

はじめのうちはウォーキングだけで構いません。ウォーキングをしていて、ちょっと走ってみようかなという気持ちが湧いたら、少し走ってみましょう。それでも無理は禁物です。キツくなったら歩いて、また走りたくなったらランニングに切り替える、それを繰り返しながら、徐々に走る距離を伸ばしていけばいいのです。**〝走らなければいけない〟という気持ちを捨て、〝走りたい〟という気持ちを大切に育てていきましょう。**

ランニングは片足ジャンプの繰り返し

最初はウォーキングでＯＫといわれても、そもそもランニングとウォーキングの違いとは何なのでしょうか。スピードの違いだと思う人がいるかもしれません。まずは歩く動作と走る動作の違いについて、少し説明したいと思います。

歩くことと走ることの最大の違いは、空中に浮いている時間があるかないかということです。歩く動作はつねに左右どちらかの足が地面についています。

一方の走る動作は、簡単にいうと片足でのジャンプの連続です。ランニング中にジャンプを意識することはないかもしれませんが、片方の足で地面を押す力を利用して体を浮かせ、空中で前後の足を入れ替え、片足で着地することを繰り返しています。

速く走るためには、いかに地面から得られる反発力を効率よくスピードに変えるか、接地時間を短くして空中にいる時間を長くするか（その間にできるだけ距離を移動する）といったことが求められます。

片足ジャンプの繰り返しだといわれると、運動不足の状態でランニングを始めたときに、キツいのは仕方がないことだと思えるのではないでしょうか。

今、この場で片足ジャンプを30分続けましょうといわれたら、ハードなことだと思いますよね。

長時間、長距離にわたって片足ジャンプを繰り返すには、体を支え続ける下半身の筋力が必要になります。それは継続的にランニングを続けることでつくものです。

下半身の筋力が不十分な状態で無理をすると、ケガのリスクが高まってしまうので、ランニングをしていてちょっと脚がキツいなと感じたら、無理せずに歩いてしまいましょう。

しばらくの間は、走るよりも歩いている時間のほうが長くなるかもしれませんが、まったく気にすることはありません。**運動習慣のなかった人であれば、歩くだけでも、継続していれば下半身の筋力はアップしていきます。**ウォーク&ランを繰り返し、少しずつ走る距離を増やしていけばいいのです。1～2カ月も続けていれば、筋力が底上げされ、心肺機能も向上し、自然と走れるようになってくるでしょう。

ですが、注意が一点だけ。ランニングはまだ自分には早そうだから、ウォーキングからスタートしようとした際、**ウォーキングは散歩とは違う**ことを頭に入れておきましょう。**ウォーキングと散歩の違いは、歩幅と呼吸です。**

ウォーキングの歩幅は散歩よりも広く、だいたい身長の45～50%が目安となります。普段歩いているときよりも、大股で歩くことを意識してみてください。

歩幅を広げるコツは、背すじを伸ばしてアゴを引いて視線を少し遠くに向けること、それから足を前に出すことよりも後ろ足で地面を蹴るように意識することです。猫背で下を向いて歩くと歩幅は狭まり、とぼとぼ歩きになりがちです。

また、後ろ足で地面を蹴ることを意識すると、自然と軽い前傾姿勢がとれて歩幅が広がりやすくなります。

歩幅が広がると、自然と歩くペースは速くなります。散歩のときとは異なり、息が軽くあがってきます。**このときに気をつけたいのは、息切れしないペースで歩くこと**です。

主観的運動強度という指標があるのですが（p17参照）、この指標で**「ややキツい」に相当する強度（散歩の場合は非常にラクである～かなりラクであるに相当）で、歩くことが一つの基準**になります。

運動経験が少ない人は、自分が歩いている速度が「ややキツい」なのか「キツい」なのか「ラクである」かの判断が難しいかもしれません。

しかし、最初はそういう状態でもウォーキングを続けているうちに感覚が研ぎ澄まされていくはずです。

一つの判断基準としては、ウォーキング中に気持ちよく鼻歌が歌えたり、誰かとぺちゃくちゃおしゃべりができている場合、それは散歩ペースです。**一緒に歩いている人と笑顔で会話のキャッチボールができなくなってくるペースが「ややキツい」ウォーキングに相当します。**全く会話ができない状態だと歩くスピードが速すぎるので、ペースをおさえる必要があります。

この「ややキツい」ペースでウォーキングを続け、持久力が高まってくると、おのずと歩く速度が向上していきます。そして、ある程度のスピードに達すると、ウォーキングを続けるよりもランニングに切り替えたほうがラクという境界線が訪れます。

散歩ペースとウォーキングペースの違い

一般的に、時速7キロ（1キロ約8分34秒のペース）がその境界線とされています。この段階に達したら、軽く走ってみましょう。もちろんランニングに切り替えたからといって、急に速度を上げる必要はありません。ウォーキングの延長と捉えて、時速7～8キロ（1キロ約8分34秒～7分30秒のペース）を目安にし、ランニングに慣れていきましょう。

ゆるランはカロリー消費のコスパも抜群！

ランニングをするとどの程度カロリーを消費できるのか。ウォーキングとランニングではどちらが効率よくカロリーを消費できるのかが気になる人も多いでしょう。

当然個人差はあるのですが、ウォーキングやランニングの消費カロリーは、「体重（キロ）×移動距離（キロ）≒消費カロリー（キロカロリー）」というシンプルな計算式で概算できます。

たとえば、体重70キロの人が5キロを走ったとしたら、およそ350キロカロリーを消費するということです。仮に時速7キロ（1キロ約7分30秒）で5キロを走ると約37分30秒かかり、時速5キロ（1キロ約12分）で歩くと約60分かかります。同じ時間ランニングとウォーキングをした場合、ランニングのほうが移動距離が長くなるので、効率よくカロリーを消費したいならランニングのほうが適しているといえるでしょう。


もう一つ、メッツ（METs）という指標を紹介しておきましょう。

メッツとは、安静に座っている状態を1としたときに、さまざまな運動や身体活動がどの程度の運動強度（酸素消費量）になるかを表した値になります。たとえば、時速8キロでのランニングは8・3メッツ、時速4〜5キロの歩行は4・0メッツとされています。

そして「メッツ×実施時間(時間)×体重(キロ)×1・05＝消費エネルギー(キロカロリー)」という計算式でも消費カロリーを求めることができます。体重70キロの人が30分、時速8キロでランニングをした場合、「8・3(メッツ)×0・5(実施時間)×70×1・05」で約305キロカロリーを消費することになります。

ご飯小盛り一杯（１００グラム）で約１５０キロカロリー、缶ビール（３５０ミリリットル）が約１５０キロカロリーですから、30分ランニングをすれば、罪悪感なく好きなものを少し余計に食べられるともいえるでしょう。

次ページにあるグラフを見てください。これはウォーキングとランニングの酸素消費量を比べたものです。メッツの説明でわかった人もいるかもしれませんが、酸素消費量が多いということは、消費エネルギーが多くなるということです。

R.P.E（主観的運動強度）

等級	疲労度
6	
7	非常にラクである
8	
9	かなりラクである
10	
11	ラクである
12	
13	ややきつい
14	
15	きつい
16	
17	かなりきつい
18	
19	非常にきつい
20	

メッツ（METs）とは・・・

安静に座っている状態を1メッツとして、運動の強度（酸素摂取量）を 表した値（寝ているときは0.9メッツ）。

8.3	ランニング (running)	ランニング：8.0km/時、134.1m/分 (running, 5mph (12min/mile))
4.0	歩行 (walking)	階段を上がる：ゆっくり (stair climbing, slow pace)
8.8	歩行 (walking)	階段を上がる：速い (stair climbing, fast pace)

▶歩行ないし走行スピードと1㎞当たりの酸素消費量との関係

（ロートスタイン、2005年）

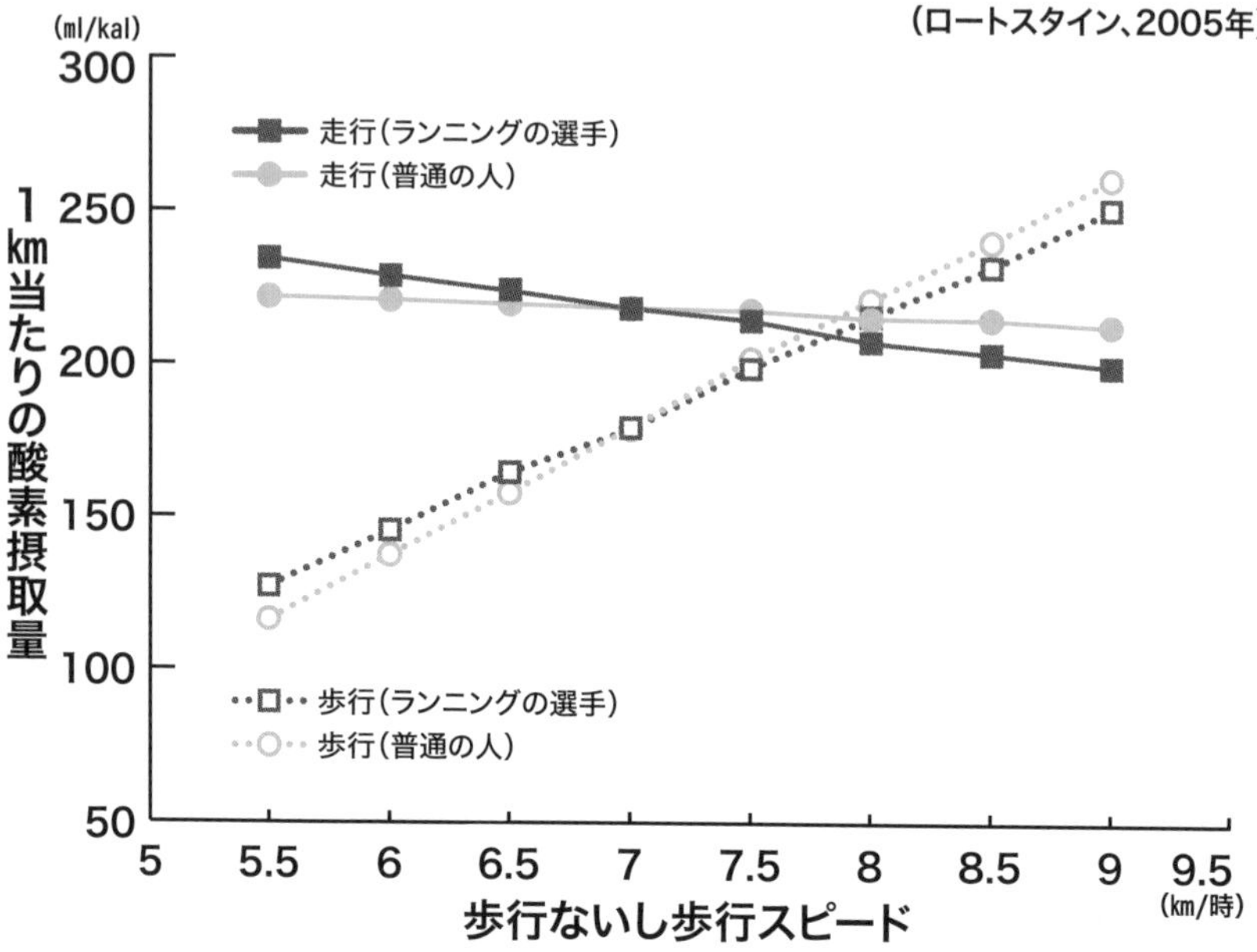

▶メッツ×実施時間（時間）×体重（kg）×1.05＝消費エネルギー（kcal）

METs	活動	男性	女性
4.3	**歩行** 5.6km/時、速い、平らで固い地面、運動目的で歩く	155 kcal	121 kcal
6.8	**自転車** 通勤、自分で選んだペースで	245 kcal	192 kcal
6.0	**ランニング** ジョギングと歩行の組み合わせ（ジョギングは10分未満）	217 kcal	170 kcal
8.3	**ランニング** 8.0km/時、134.1m/分	300 kcal	235 kcal
9.5	**ダンス** エアロビックダンス：25.4〜30.5cmのステップを伴う	344 kcal	269 kcal
2.5	**コンディショニング運動** ヨガ：ハタ	90 kcal	269 kcal
2.3	**家での活動** 掃除：掃き掃除、ゆっくり、楽な労力	83 kcal	65 kcal

日本人の平均体重（30〜39歳）　男性:69.2kg　女性:53.6kg

引用「国立健康・栄養研究所 改訂版 身体活動のメッツ（METs）表」

このグラフでわかるのは、時速7・5キロ以下のペースではウォーキングよりもランニングのほうが、明らかに消費エネルギーが多いこと、ランニングは時速6キロペースでも時速9キロペースでも消費エネルギーにそれほど差がないことです。**気持ちいいと感じるペースで走るランニングは、短時間で非常に効率よくカロリーを消費できる**ということです。多忙で運動をする時間がなかなかとれない人、無理のない運動でダイエットをしたい人に、ランニングは最適解といっても過言ではありません。

とはいえ、ウォーキングがカロリー消費に適していないわけではありません。たとえば、ヨガ（ハタヨガ）は2・5メッツ、ストレッチは2・3メッツ、ピラティスは3・0メッツとなっていますから、ウォーキングにもそれなりの消費カロリーを期待できます。

時間があるときはウォーキング、短時間ですませたいときはランニングというようにしてもいいと思いますし、目的地を決めて行きはランニングで帰りはウォーキングにしてもいいでしょう。なによりも楽しく、無理なく続けることが大切です。

POINT

目的・体質で決める「いつ、どれくらい、どうやって走ればいいの？」

正しいフォームは考えないでOK

ランナーを指導していて、多くの人から聞かれるのがフォームについて。特にミドルエイジランナーには「効率のよいフォームを教えてください」「ケガをしないためのフォームを身につけたい」といったことをよく聞かれます。逆に若いランナーからはフォームについての質問はあまりされません。

年をとると、膝や腰など体のどこかに不具合を感じたり、スピードの維持が難しくなったりして、フォームの改善によりそれらを解決したいと考えるのだと思います。

まずいえるのは、**ビギナーの方はランニングフォームを気にしなくてよい**ということです。多くのランニング指南書には、最初のステップとして正しいフォームの解説が書かれていたりするので驚かれるかもしれません。しかし、効率的に走るための理想のフォームは、人によって異なります。なぜなら、人間の体は骨格や関節の状態、筋肉量や柔軟性などが人により違っているからです。そして、**体はその状態に合わせて動きやすいように動くものなのです。**

たとえば、右脚のふくらはぎの筋肉が硬く、左脚のふくらはぎの筋肉は柔軟性がある人がいたとしましょう。すると、かかとから着地する際、左のつま先は上がるけれど、右のつま先は下を向くようなフォームになります。右のつま先が上がらないのは、筋肉が硬くなっていて足首が曲がりづらくなっているからです。ランニング中にそこを無理に矯正しようとすると、周囲のほかの筋肉に過度に負荷がかかり、故障を招く原因になってしまいます。

走っている最中にどこかに違和感や痛みがあるとき、それはフォームではなく体に問題があることがほとんど。**修正すべきはフォームではなく、体なのです。**筋力不足が原因でフォームのバランスを崩しているなら、それは筋力をアップすることで改善されます。柔軟性に問題がある場合は、継続的にストレッチに取り組むことで自然とバランスが整い、効率のいいラクなフォームで走れるようになるでしょう。

運動経験のなかったビギナーズランナーの場合、体の状態を把握するのは難しいかもしれません。「自分の体は硬くない」と思っている人が、実は柔軟性不足だったなんてことはよくあります。また、運動経験者で筋力に自信がある人でも、加齢によって想像以上に筋肉量が落ちてしまっていることもあります。

ですから、まずは無理のないペースでウォーキングやランニングをして、体の状態を把握しましょう。継続的に体を動かすことで、体の左右差、柔軟性が不足している部位、筋力が足りなくて疲れやすい部位などに気がつくはずです。

長らく運動習慣がないままでミドルエイジをむかえた場合、下半身の筋肉量も柔軟性も足りなくなっているケースがほとんどです。p76～でストレッチを、p74～で補強のトレーニングを紹介しているので、ランニングと並行して取り組んでみてください。継続していけば、おのずと体の弱点が改善され、フォームのバランスも整っていくでしょう。

長くランニングを続けているミドルエイジランナーが、以前には感じなかった部位に違和感や疲労感が出てきた場合も、筋力や柔軟性が低下している可能性が考えられます。運動習慣のある人でも、動きに偏りがあれば体のバランスが崩れますし、ストレッチが足りていなければ柔軟性は低下します。

そもそも運動をしている時間は一日のうちでそれほど長い時間ではありませんから、長時間のデスクワークなどの影響で姿勢が悪くなっていることもあるでしょう。改めてストレッチや補強トレーニングに取り組めば、再びバランスが整ってくるはずです。

ランニングを始めようとした際、**フォームを気にしすぎると〝やらなければいけないこと〟が増えることになり、人によってはそれが継続への足かせ**になってしまいます。ケガや障害に悩まされているなら話は別ですが、そうでなければ、**自分が走りやすいと感じるフォームで走り始めて問題ありません。**フルマラソンを完走したい、もっと速く走れるようになりたいといった気持ちになったときに、改めてフォームを見直せば、それで十分です。

フォームのことをあれこれと悩むよりも、まずはランニングを楽しむことを優先しましょう！

膝痛・腰痛もちさんへの関節にやさしいフォーム

フォームは気にしなくていいと言われても、膝や腰に不安があって負担の少ない走り方を知りたいという人がいるかもしれません。

そんな人に向けて8つのポイントを紹介したいと思います。しかし、いきなりすべての項目をランニング中に習得するのは不可能です。まずは、ウォーキングでチャレンジして、意識して少しずつ体に覚え込ませていきましょう。

1　小・中学生のときの入場行進のイメージをもつ

行進のように、一定のリズムと歩幅をキープするイメージです。つま先の方向がバラバラにならず常に進行方向を向いていること、足跡《そくせき》・歩幅が一定になることを意識してみてください。

2　腰の位置が一定であること

腰の高さが大きく上下動するフォームは関節への負担が大きくなります。疲れて腰が落ちてくると、膝への負担が大きくなるので、がんばりすぎないことも大切です。

3　肩は下がっていること

力んで肩が上がっていると、呼吸がしづらく、腕振りもうまくできません。肩が上がっているかもしれないと感じたら、一度グッと上げてから下ろし、脱力しましょう。

4 軽快な呼吸リズムをつくる

鼻歌が歌える、人と会話できるペースで、呼吸のリズムを一定に保ちましょう。呼吸が乱れてくると、それに連動してフォームも崩れていきます。呼吸が苦しくなったり、リズムが乱れたりしたら、ペースを落とすか休んで呼吸を整えましょう。

5 視線は常に前方に

アゴを少し引いて、視線を前に向けましょう。トップレベルのアスリートでさえ視線が下がるとフォームが崩れます。足元を見ないようにしてください。

6 手のひらは下に向ける

強く握った拳を立てると余計な力みにつながります。拳は軽く握り、手のひらを下に向けましょう。常にリラックスを心がけてください。

7 肘は腰の位置で振るイメージで

肘は90度程度に曲げ、腰の位置でリズミカルに体の前後を行き来するイメージで腕振りをしましょう。

8 かかと着地を意識せず中足部から着地を

かかとから着地し、中足部を経由して、つま先で蹴り出すといったイメージではなく、中足部

膝痛・腰痛もちさんへの関節にやさしいフォーム

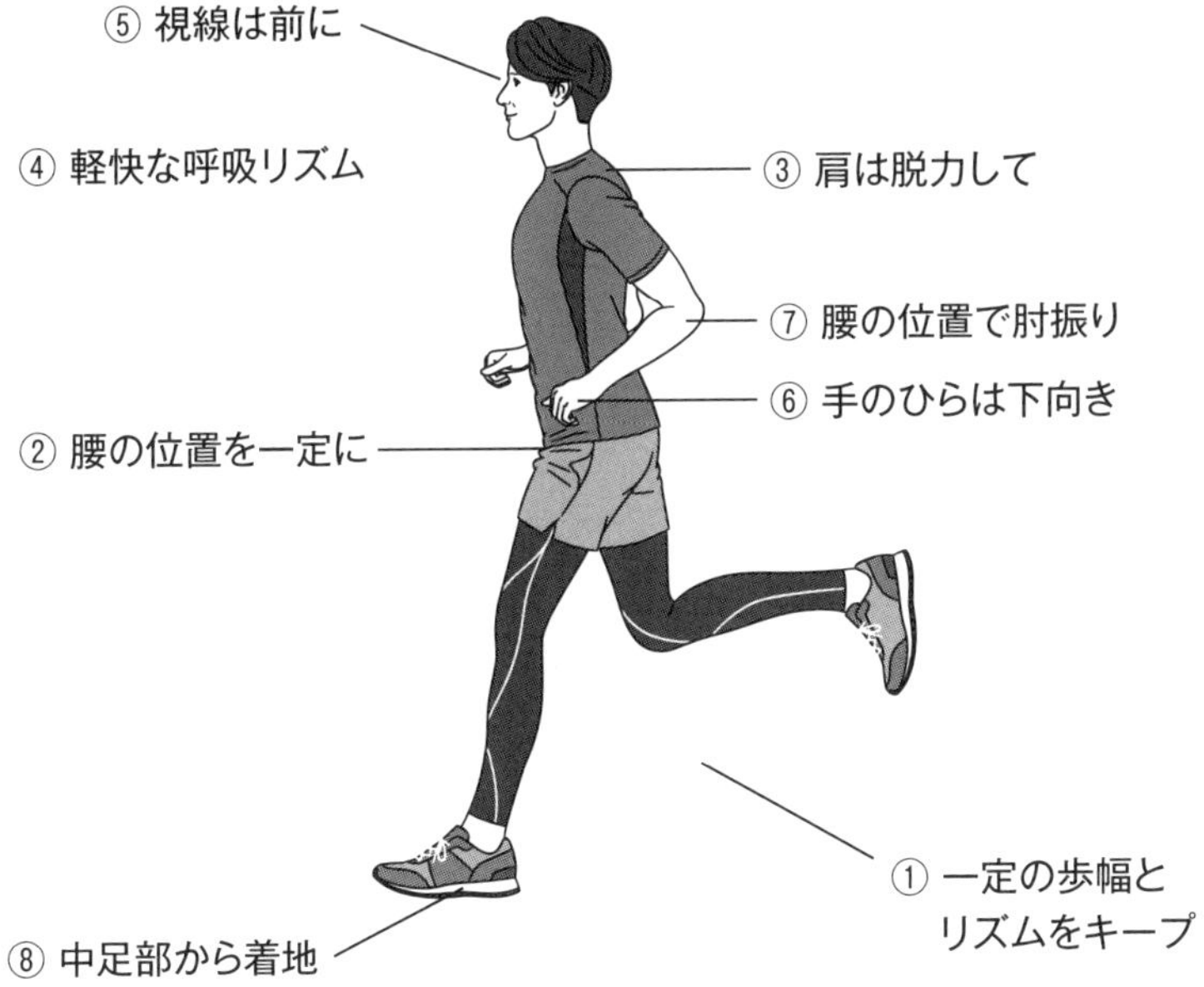

から着地するイメージをもつと、アキレス腱や脛骨筋《けいこつきん》への負担を減らせます。

たとえウォーキングだとしても、はじめから8つのポイント全てを意識することはできないと思います。まずは1〜3あたりを意識して、それらがある程度できるようになったら、意識するポイントを増やしてみてください。ゆっくりと自分の体にやさしいフォームの習得を目指しましょう。

ランニングに絶好のタイミングはいつ？

フォームについての質問と並び、ミドルエイジのランナーから多く聞かれるのがランニングのタイミングについてです。「朝走るのと夜走るのはどちらが体にいいのか」「食事の前と後ではどちらがやせるのか」といった質問をされることがよくあります。

ランニングの運動効果を少しでも上げたいという気持ちがあるからだと思いますが、実はどの時間帯に走ってもランニングの運動効果が劇的に変わるということはありません。**最も効果的なのは、特定の時間に走るのではなく、自分にとっていちばん続けやすい時間帯を見つけて、習慣化すること**です。

続けやすい時間帯とは、言い換えれば最も無理なく快適に走れるタイミングです。早起きしてランニングをしてシャワーを浴びて出勤するのが快適な人もいれば、会社帰りにジムに寄って走るのが合っているという人もいるでしょう。都内ではランチタイムに皇居や公園を走るランナーをよく見かけます。

飽きっぽい人は、新鮮な気持ちになるために走る時間を定期的に変えるのも一つの手段でしょう。いろいろと試してみて、自分に最適なタイミングを見つけてください。

習慣化しやすいタイミングがベストというのが大前提になりますが、**「やせたい」「健康診断の数値をよくしたい」といった目標達成に少しでも近づくために、効果的なタイミングというのはあるの**です。次にお伝えしますので、自分のスケジュールと目的に合わせて選んでいってください。

ランニングやウォーキングに代表される**有酸素運動には、脂肪燃焼効果があります。**ランニングを始めようとしたきっかけがダイエットだという人も多いでしょう。

有酸素運動では、エネルギー源として主に糖質と脂質が使われます。運動強度が高くなると糖質が使われる割合が大きくなるので、脂肪燃焼を目的にする場合、軽く息がはずむ程度のゆっくりとしたペースを維持すると効果的です。

糖質が枯渇している起床時や空腹時は、体内の脂肪がエネルギーとして活用されやすいので、**脂肪燃焼の効率を考えるなら、空腹時にゆっくりペースでランニングやウォーキングをするのが望ましい**といえます。ただし起床直後は、体内の水分が不足しており、血液がドロドロの状態なので必ずコップ1～2杯の水分を補給してください。

起床時や空腹時のランニングにはデメリットがあることも覚えておきましょう。それは、筋肉が分解されてしまう可能性があるということ、少し難しいですが、その仕組みをくわしく知りたい人のためにお伝えします。

有酸素運動ではエネルギー源として主に糖質と脂肪が使われると前述しましたが、体を動かすための仕組みは大きく3つあります。

1つは解糖系という回路です。食べ物から摂取した糖質（ブドウ糖）をエネルギーに変え、人間の体を動かすメインのエネルギー源を作ります。運動をすると血液中にある糖（血糖）や、筋肉中に蓄えられたグリコーゲン（ブドウ糖が重合したもの）がこの解糖系でエネルギーに変換されます。筋力トレーニングやダッシュなど、強度の高い運動をする場合、多量のエネルギーを短時間で生み出せる糖が優先的に消費されます。

２つめは、ケトン体回路と呼ばれるものです。脂質を分解した脂肪酸と、その脂肪酸がエネルギーになる過程で生まれるケトン体、両方をエネルギーに変えます。

軽く息がはずむ程度のゆっくりとしたペースでランニングをするとき、脂質と糖質は同じくらいの比率で消費されます（ウォーキングも同程度です）。スピードを上げて運動強度が高まると脂質が消費される割合が減っていきます。

体内の糖が減っている空腹時にランニングをすると、ケトン体回路が使われやすくなり、脂肪燃焼効果は高まるのですが、非常時に働く３つめの回路が動きだす可能性があります。これが糖新生と呼ばれ、筋肉や糖質に蓄えたグリコーゲンが枯渇した際は、筋肉中のタンパク質や脂肪細胞から、ブドウ糖を作り出します。

糖新生による**筋肉量低下のリスクを抱えたくないという人には、起床時にランニングをするとき、水分とともに糖質補給をおすすめ**します。

ダイエット重視ならランニングの前に軽い筋トレを

ジムでのトレーニングを習慣にしている人に「有酸素運動と筋力トレーニングはどちらを先にすべきか」と聞かれることがあります。有酸素運動と筋トレへの取り組み方は、何を目的とするかで優先順位が変わってきます。

たとえばジムでの**筋トレが目的で、ウォーミングアップとして有酸素運動をして体を温めたいのであれば、有酸素運動→筋トレの順**でなんの問題もありません。

一方、**体脂肪の燃焼を最優先にするならば、有酸素運動を始める前に筋トレをする**ほうが、効率がよくなります。

理由は主に2つあります。一つは、筋トレをすると成長ホルモンの分泌が促されるからです。成長ホルモンはその名のとおり、組織や細胞の成長に関わるホルモンです。筋トレをした際の筋肥大にも関わっていますが、脂肪細胞の分解を促進するとも考えられています。

二つめに、筋トレを行うと成長ホルモンと同時にノルアドレナリンという物質の分泌も促されるといわれています。ノルアドレナリンには、脂肪分解の役割を担うリパーゼという酵素を活性化させる働きがあります。**筋トレをして、成長ホルモンとノルアドレナリンの分泌が促進された状態で有酸素運動を行えば、より脂肪燃焼しやすい**というわけです。

次ページのグラフは、有酸素運動後に筋トレをした場合と、筋トレ後に有酸素運動をした場合の成長ホルモンの分泌量と、脂肪が分解された際に生じる遊離脂肪酸の量を比較したものです。どちらも、筋トレ後に有酸素運動をしたほうが多いのが一目瞭然です。せっかくがんばるのであれば、お得なほうを選びたいですよね。

効率よく脂肪燃焼を目指すのであれば、ぜひp74～75で紹介している筋トレをいくつか行ってから、ランニングやウォーキングに取り組んでみてください。

有酸素運動➡筋トレの順番で行った場合の遊離脂肪酸

有酸素運動60分 ➡ 休憩15分 ➡ 筋トレ30分

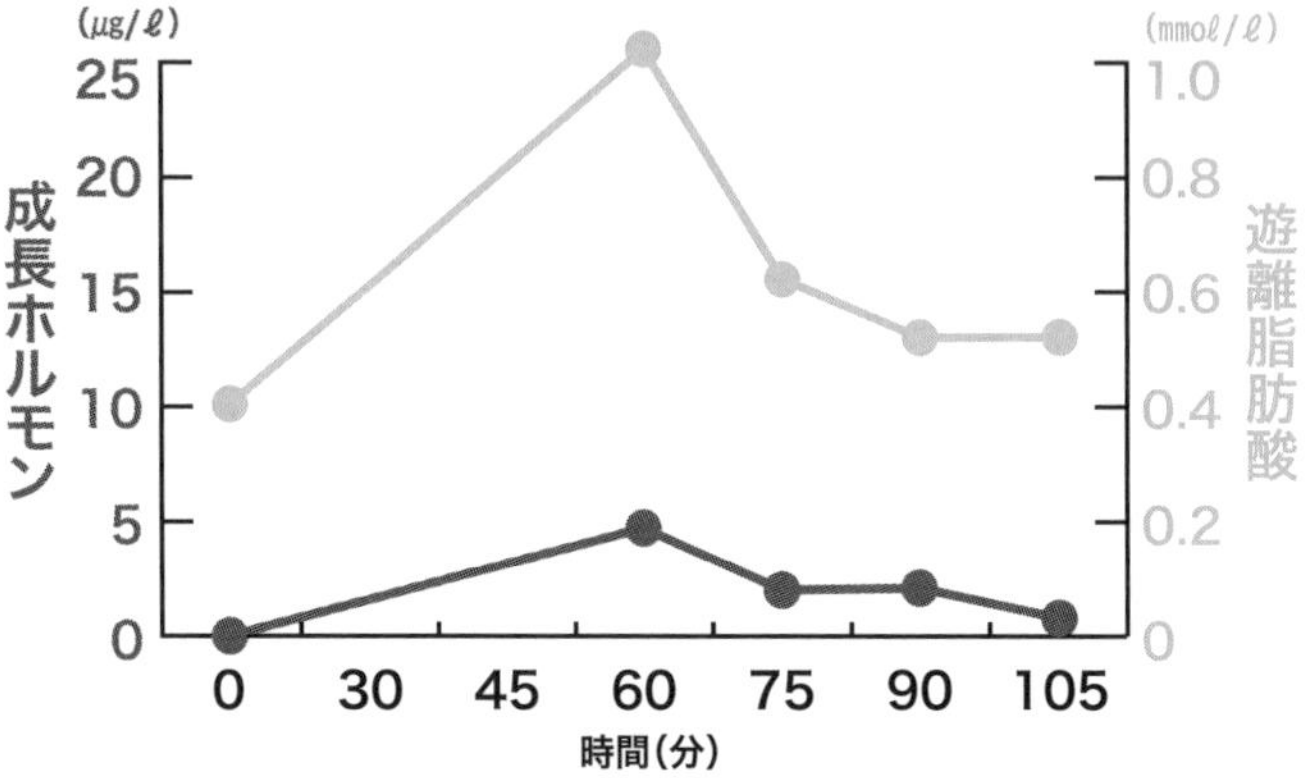

筋トレ30分 ➡ 休憩15分 ➡ 有酸素運動60分

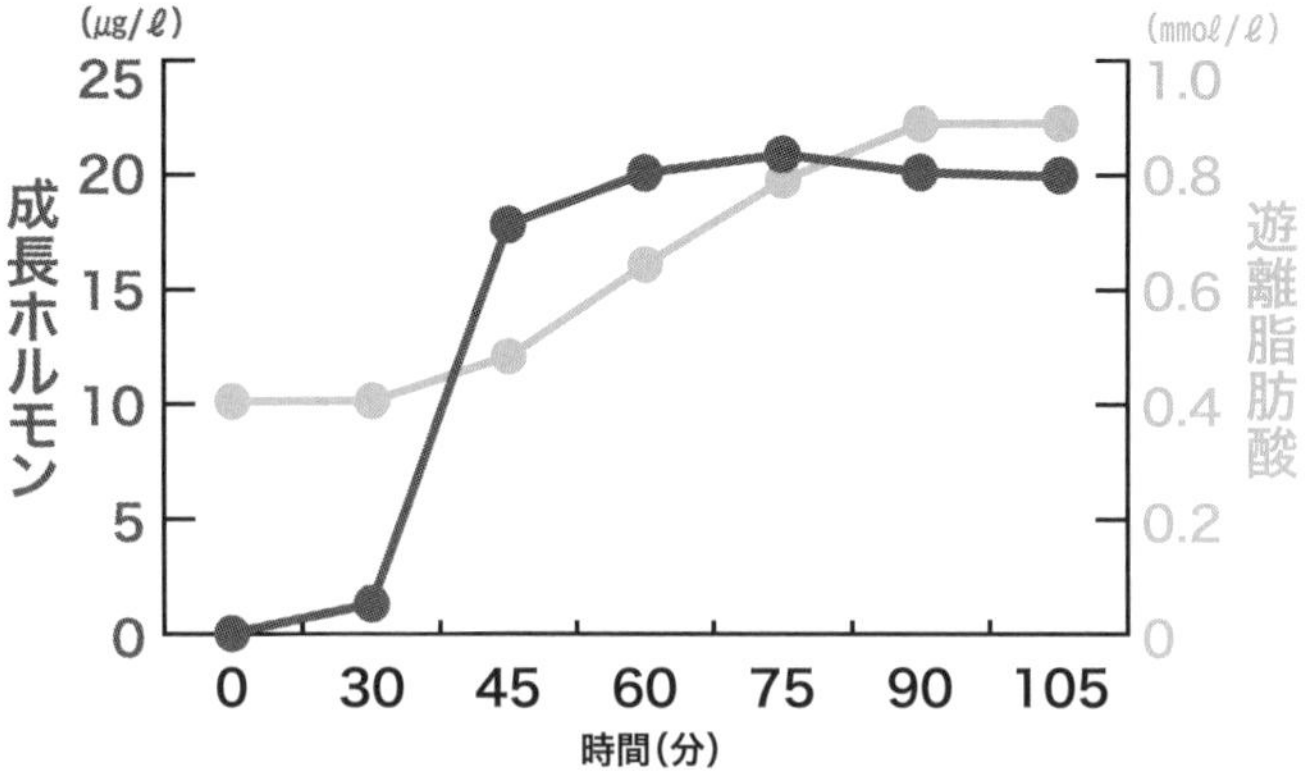

筋トレ➡有酸素運動で成長ホルモンを活用

濃い色の線が脂肪燃焼を促す成長ホルモンの分泌量。筋トレを最初に、次に有酸素運動を行うほうが圧倒的に成長ホルモンの量が多い。

引用『体脂肪が落ちるトレーニング』(高橋書房)

筋力と心肺機能、追い込むのは別の日に！

健康維持のためにランニングをしているけれど、並行して筋力アップやボディメイクを目指したいという人もいるでしょう。

その場合、たとえば、火曜と土曜にランニングをして、ジムでの筋トレは水曜に行うといった具合に、筋トレとランニングは別の日に行うといいでしょう。もちろん、筋トレ前のウォーミングアップとして少し有酸素運動をしたり、成長ホルモン分泌のためにランニングの前に筋トレをするのはかまいません。ランニングやウォーキングなどの**有酸素運動をしっかりやり込む日と筋トレで追い込む日を別の日に分けてする**ということです。

細胞内のエネルギー状態を監視して、その状態に応じて糖・脂質代謝を調整するＡＭＰキナーゼという酵素があり、マスタースイッチとも呼ばれています。

筋力アップを促すか、心肺機能の向上を促すかを決定するスイッチでもあるのですが、両方に対してスイッチをオンにすることはできません。

ある程度の時間、筋トレをすれば筋力アップのほうに、有酸素運動をすれば心肺機能を高めるほうへスイッチが入り、瞬時に切り替えることはできません。

筋トレとランニングを同日に行っていると、がんばっているのになかなか体が変わらないということが起こり得るのです。

メタボ・糖尿病対策なら食事の30分後がねらいめ

食事や間食で糖質をとると、血糖値が上昇します。血糖値が上がると、インスリンというホルモンが分泌され、余分な糖を肝臓、筋肉、脂肪のいずれかに分配する指令を出して血糖値を下げていきます。

インスリンの指令を人間の意思でコントロールすることはできませんが、**血糖値が高くなるタイミングで筋肉をいっぱい動かすことで〝糖を筋肉に送りなさい〟という指令を出させることが可能**です。

食後に運動をすると、脂肪に分配される糖が減るため、ミドルエイジの大敵であるいわゆる中年太りやメタボ（メタボリックシンドローム。内臓脂肪型肥満に、高血圧、高血糖、脂質代謝異常のうち2つ以上が当てはまる状態）を予防することができます。

また、運動をすることで血液中の糖が筋肉で大量に消費されるため、一時的に血糖値が下がります。これを急性効果と呼びます。

さらに、**運動を習慣化することでインスリンの働きがよくなり、血糖値が下がりやすい体質に**なっていきます。こちらは、慢性効果と呼ばれ、継続すればするほど効果は高くなります。

個人差はありますが、食事をしてから30～60分後に最も血糖値が高くなります。このタイミングでランニングやウォーキングを行えば、余分な糖が脂肪になることを予防できると同時に、血糖値の上昇もおさえることができるのです。

睡眠の質を高めたいなら朝ランを

早起きが苦にならない、朝のほうが運動する時間をとりやすいという人であれば、朝のランニングにはメリットが多いのでとてもおすすめです。

まず、朝起きて日の光を浴びると、網膜から入った光の刺激により体内時計がリセットされ、14〜16時間ほど経過すると脳内でメラトニンが増加します。メラトニンが増えると、眠りにふさわしい体内環境が整い、自然と眠気を感じるようになります。つまり、**朝のランニングやウォーキングを習慣化すると、生活リズムが整うと同時に、睡眠の質も高まる**のです。

また早起きして有酸素運動をすることで、交感神経が活発になり、体が活動モードに切り替わります。**心身がオンの状態になるので、仕事や家事をスムーズに始めることができる**はずです。午前中、ボーッとしやすい人や集中力が高まらないという人は、朝の運動がスイッチを入れる助けになってくれるでしょう。

ただし、脂肪燃焼のところでも書きましたが、起床直後は、体内の水分がドロドロになっているので、水分補給はマストです。また、筋肉や関節が硬くなっているうえ、体温も低めなので、ウォーミングアップの時間を十分にとるように心がけてください。

夜ランが向いている人

夕食はたっぷり食べたい、夕食後のデザートが何よりの楽しみという人は、血糖値を下げるため、夕食後にランニングをするといいでしょう。スウィーツは糖質をたっぷり含んだものが多いですが、ランニングをすることで余分な糖が脂肪になることを予防できます。

一方で、晩酌をする人は夕食後のランニングは絶対に避けてください。「汗をかいてお酒をぬく」という人がいますが、アルコールの分解のほとんどは肝臓で行われており、**汗をかくことでアルコールが体内から排出されることはありません。**むしろ飲酒後に運動をすることで筋肉に血液が集まってしまい、肝臓への血流も減り、アルコールの分解は滞ってしまいます。

また、アルコールには利尿作用があり、摂取した以上の水分を尿として排出してしまいます。アルコールの分解に水は欠かせないものなのですが、そのうえ運動をして汗をかいたら、体内の水分不足は深刻なものになります。

また、飲酒をすると心拍数が上がります。ランニングをすれば、さらに心拍数が上がり、血圧も上昇。心臓への負担がかなり大きくなり、酔いの回りも早くなります。最悪の場合、脳卒中や心不全といった命に関わる病につながりますし、酔って走れば転倒事故も起こりやすくなります。

深酒をしたときは、翌朝のランニングも控えましょう。お酒が大好きという人は、お昼前後に走るタイミングを設定するのがおすすめです。

長時間のデスクワークや立ち仕事で、仕事を終えたころには脚がむくんでくる。そんな人は、仕事終わりにランニングをすると、スッキリして眠りやすくなるでしょう。脚がむくんで重たくなっていると、動くこと自体が億劫になってしまいがちですが、その原因は静脈《じょうみゃく》還流《かんりゅう》（心臓から出た血液が動脈を通って体中に行き渡った後に、静脈を通って心臓に戻ること）が、スムーズに行われていないから。だからこそがんばって運動をして、血流を促すと違いがでるのです。

仕事を終えて一日の締めくくりとして夜に走るのは、オン・オフの切り替えにも有効ですし、デジタルデトックスにもつながります。

やるべきことを終えてからのほうが気持ちよく運動に没頭できるという人は、夜のランニングが適しているかと思います。

もちろん、夜のランニングにも注意点はあります。運動には、自律神経のバランスを整える効果があります。自律神経には体を活動モードにする交感神経と、休息モードにする副交感神経があり、状況に応じてどちらかが優位になり体の働きをコントロールしています。

通常は朝起きると交感神経が優位になって活動モードとなり、夜になると副交感神経が優位になることで眠りにつきやすくなります。ところが自律神経のバランスが崩れると、夜になっても副交感神経が優位にならず、なかなか寝つけなくなってしまいます。

運動には自律神経のバランスを整えたり、ストレスを軽減する効果が期待できる一方で、運動中や直後は交感神経が活発になるため、夜にランニングをすると寝つけなくなってしまう人がいるのです。夜に走ってみて、自分がそのタイプに当てはまると感じた人は、朝や昼のランニングに切り替えましょう。

目標にするべき距離と頻度はどれくらい？

健康維持やダイエットを目的としたとき、どの程度の距離を、どのくらいの頻度で走ればいいのかは、多くのランナーにとって気になることかもしれません。

一つの目安になるのがＷＨＯ（世界保健機関）が発表している「身体活動・座位行動ガイドライン」です。

「健康効果を得るためには、１週間を通して、中強度の有酸素性の身体活動を少なくとも１５０～３００分、高強度の有酸素性の身体活動を少なくとも75～１５０分、または中強度と高強度の身体活動の組み合わせによる同等の量を行うべきである」

中強度の有酸素性の身体活動にはウォーキングや社交ダンス、のんびりとこぐ自転車などが該当します。高強度の有酸素性の身体活動とは、ランニングや水泳です。

つまり**ウォーキングなら一日30分を週5回、ランニングなら一日25分を週3回が、健康を保つために欠かせない量ということになります。**まずはそこを最初の目標として、余裕ができてきたら少しずつ時間を増やしていきましょう。

健康維持のためには週3のランニングが理想ですが、難しい場合もあるでしょう。なかなか走る時間がとれないという人は日常生活の中で活動量を増やすことを意識してみてください。エスカレーターやエレベーターを使わずに階段を使う、クルマを使う頻度を減らして、徒歩での移動を増やす、といった細かな積み重ねでも体力が向上するはずです。

週に3回のランニングを継続していると、意識せずともだんだんと体力が向上し、同じ時間に走れる距離も少しずつ長くなってきます。体がランニングに慣れ、心肺機能や脚力の向上を感じられたら、一つのゴールとして目指してもらいたいのが、月間100キロです。

月間100キロを走る走力がある人は、ランニングをしようと思いついたときに10キロを問題なく走れるはずです。この**10キロを無理なく走れる走力をミドルエイジランナーの人たちには、最終的には維持してもらいたい**のです。もちろん何年かをかけて、目指してもらえればOKです。

一般の市民ランナーの中には月間で200～300キロ（それ以上の場合も）走る人がいますが、月間走行距離が200キロを超えると、障害の発生するケースが急上昇するのでおすすめできません。200キロ以上を走ろうとすると、当然ランニングの頻度も、一度に走る距離も増えていきます。若いころはそれで大丈夫だったとしても、ミドルエイジになるとリカバリー力が落ちてくるので、回復が間に合わなくなります。走行距離を増やしすぎると、ランニングで得られるプラスの要素を、マイナス面が上回ってしまうのです。

POINT

回復力が低下するミドルエイジが絶対にやるべきケア

若いころの回復力はもうありません！

ミドルエイジになると、多くの人が「体力がおとろえてきた」「疲れやすくなった」と口をそろえます。トレーナーの視点で見ると、ミドルエイジになって**最もおとろえるのは疲労を回復する速度、いわゆるリカバリー力**だといえます。

これは一般の人に限らず、トップアスリートにもいえることで、若いころと同じ内容の練習ができたとしても、負荷をかけ続けるとリカバリーが追いつかなくなってしまうので、一定の年齢になると練習内容を見直したり、量を減らしたりするようになります。

部活動に取り組んでいた学生時代や20代のころは、リカバリーを考えずに運動をしていたという人でも、同じような負荷がかけられなくなります。すると「体力がおとろえてきた」と感じるわけですが、それはリカバリー力のおとろえによって疲労がぬけにくくなったということなのです。

ですがフルマラソンでも高齢になって自己ベストを達成する人は多くいますし、ウルトラマラソンやトレイルランニングに挑戦して、若いころよりも長い距離を走っている人もたくさんいます。**リカバリーにさえ気をつけていれば、若いころと同じようにさまざまなスポーツを楽しめる**のです。

では、おとろえていくリカバリー力を補うために、ミドルエイジランナーは何に取り組むべきなのでしょうか。

まず大前提となるのは無理をしないことです。**疲労を感じたり、筋肉や関節に違和感を感じたらしっかりと休むことが重要**です。

トレーニングによって生じた生理的な疲労が、十分に回復しないまま蓄積されて引き起こされる慢性疲労の状態をオーバートレーニング症候群といいます。

ランニングを含め、スポーツに取り組むときは、日常と比べて負荷の大きな運動をします。持久力や筋力を向上させるためには、日常生活よりも大きな負荷を継続的に与える必要があるのですが、リカバリーが十分でないと徐々に疲労が溜まっていきます。

つまり、リカバリー力が低下しているミドルエイジランナーは、若いランナーと比べてオーバートレーニングに陥りやすいのです。

「どうも最近思うようなペースで走れない」といったことが続いたり、疲れやすい、全身に倦怠感がある、食欲がない、入眠しにくい、安静時の心拍数や血圧が上昇したといったことがあった場合は、オーバートレーニングの可能性があります。

オーバートレーニングになるのは、アスリートや、それに近い人だけだと思う人がいるかもしれませんが、そんなことはありません。今まで運動経験のなかった人が走り始めたら、体への負担はかなり大きなものです。

ストイックになりすぎないこと、楽しむことを肝に銘じてランニングに取り組みましょう！

リカバリーに最も有効なのは睡眠です

「疲労回復の裏技を教えてください」と聞かれることがよくあります。

本書を読んでリカバリー力がおとろえることを知ったミドルエイジランナーたちも、裏技があるなら教えてほしいと思うかもしれません。

ランニングによる**肉体の疲労にせよ、仕事による脳の疲労にせよ、疲労を取り除いてリカバリーをするうえで、最も有効な手段は睡眠**です。

そんなことかと思われるかもしれませんが、若いころ以上に十分な睡眠時間を確保して、その質を高めることは、ミドルエイジランナーにとっては必須といえます。

ランニングを継続して体力を高めたとしても、疲労がぬけていなかったら、パフォーマンスは確実に低下します。

ランニングの継続で体力が10になったとしても、睡眠が足りないために疲労が3溜まっていたとしたら、パフォーマンスは10－《マイナス》3＝7となります。仮に体力が8だったとしても睡眠が十分で疲労がぬけきっていればパフォーマンスは8－《マイナス》0＝8。

「体力がおとろえてきた」と感じているベテランランナーも、疲労をとることに注力すると、あっという間にパフォーマンスがアップすることがあります。

仕事や家事・育児などで多忙な日々を送っていると、ついつい睡眠時間を削ってしまいがちですが、責任あるポストについたりと働き盛りで健康維持のために運動が必要なミドルエイジだからこそ、積極的に睡眠をとらなければならないのです。

リカバリーをアシストしてくれる静的ストレッチ

ランニング後のストレッチは、ミドルエイジランナーの人たちに必ずやってほしいことの一つです。ストレッチには大きく分けて動的（ダイナミック）ストレッチと、静的（スタティック）ストレッチの2種類があるのを知っていますか。

動的ストレッチとは、同じ動きを一定回数繰り返して、筋肉や関節に適度な刺激を与える動きのこと。肩甲骨や股関節を回す動作などが動的ストレッチになります。

静的ストレッチとは、一定時間同じ姿勢を保って、静止した状態で筋肉を伸ばす運動のこと。前屈や開脚といった動作は静的ストレッチになります。**静的ストレッチは、体の柔軟性の維持・**

向上に効果があるのはもちろん、運動後に硬く縮こまった筋肉を緩ませることができます。

筋肉は縮むことで力を発揮します。激しい運動や筋力トレーニング、長距離のランニングなどをした後は、しばらく筋肉は縮んだ状態にあります。その状態の筋肉をケアせずに放置しておくと、筋肉が緊張したまま、疲労回復の遅れ、筋肉のコリやハリ、柔軟性の低下などにつながります。ランニング後の静的ストレッチは、それらを防ぐ手段なのです。

ランニング後に取り組んでもらいたい静的ストレッチはp78～87で紹介しますが、ここではいくつかのポイントをお伝えしたいと思います。漠然とポーズをとっていても、効果は期待できません。せっかく時間をさいて取り組むのですから、ポイントを押さえて効果を高めましょう。

静的ストレッチは、いわゆる〝イタ気持ちいい〟と感じるところまで伸ばします。単に気持ちいいと感じる程度だと伸ばし方が少し足りません。

また、反動をつけてグイグイ伸ばすのも効果的ではありません。筋肉は瞬間的に伸ばされると反射的に縮もうとするので、緊張して硬くなる性質があるからです。

〝イタ気持ちいい〟と感じるポイントまで伸ばしたら、その姿勢を30秒程度キープしましょう。一つの部位に対して5～10秒ほど伸ばしただけでは、あまり効果が期待できません。

呼吸を忘れないことも大切です。静的ストレッチを行うときは、ゆっくりと息を吐きながら伸ばしていき、姿勢をキープしている間は自然な呼吸を心がけましょう。

ウォーミングアップにウォーキングという選択

ウォーミングアップの目的は、運動を行うための体の準備をすることです。具体的には、**心臓、筋肉、関節の準備をすること**になります。

まず心臓ですが、ウォーミングアップで段階的に心拍数を上げることで、激しい運動をするための準備ができます。ウォーミングアップをせずに、いきなり速いペースでランニングを始めると、体が動かしづらく、すぐに息があがってしまううえ、心臓に負担をかけることになります。

次に筋肉ですが、ウォーミングアップで筋肉を少しずつ動かしていくと、筋肉に流れる血液の量が増え、体の内部温度が高まります。

筋肉への血流が増えると、酸素や体を動かすためのエネルギー源が運ばれ、体が運動モードに入っていきます。

そして、筋温が上昇すると筋肉の粘性が低下し、筋肉の動きがスムーズになります。筋肉の粘性が高い状態で激しく動くと、筋線維を傷つけるおそれがあり、肉離れが発生する確率も高くなるので注意しましょう。

ラストの関節は関節包という袋のような組織に覆われていて、その中には潤滑油にあたる滑液というものがあります。ウォーミングアップで関節を少しずつ動かしていくと、滑液の分泌が促され、関節の動きが滑らかになります。

そこでミドルエイジランナーがランニング前に行う**ウォーミングアップとしておすすめなのが、ウォーキングやスローペースでのジョギング**です。徐々に心拍数を上げることができ、ランニングに必要な筋肉や関節の準備を整えることができます。体の準備ができるまでの時間には個人差がありますが、少なくとも**1〜2キロ程度の距離、もしくは10分程度のウォーキングやジョギングをしてください。**

マラソン大会などに行くと、準備運動として静的ストレッチをしている人の姿を見かけることもありますが、**静的ストレッチはウォーミングアップには適していません。**静的ストレッチでは筋温がさほど上がらず、呼吸や心拍数は落ち着いた状態になります。そこから一気に激しい運動を行うと、いいパフォーマンスに結びつかないどころか、場合によってはケガのリスクが高くなってしまいます。

ウォーキングやジョギングだけではウォーミングアップが不十分では、と思う人がいるかもしれません。もちろんトップレベルのランナーであれば、ウォーミングアップにかなりの時間をかけますし、ジョギングに加えて複数の動的ストレッチを行うのが一般的です。しかし、**ミドルエイジランナーがダイエットや健康目的で行うランニングであれば、ウォーキングやジョギングでも十分な準備ができます。**

どうしてもジョギング以外でウォーミングアップをしたいという人には、p76〜77で3つの動的ストレッチを紹介しています。ジョギング↓動的ストレッチの順で行ない、より体が動きやすい状態にしてランニングを楽しんでください。

違和感や痛みを感じたら素早くアイシングを

ねんのため、痛みなどが出た際のケアもお伝えしておきます。

スポーツの現場で捻挫や打撲、肉離れなどが疑われるときに行う応急処置をＲＩＣＥ（ライス）処置といいます。

ＲＩＣＥとは、Ｒｅｓｔ（安静）、Ｉｃｅ（冷却）、Ｃｏｍｐｒｅｓｓｉｏｎ（圧迫）、Ｅｌｅｖａｔｉｏｎ（挙上）の頭文字をとったものです。

Ｒｅｓｔとは、運動を中止し、患部を固定して安静を保つこと。余分な血流をおさえ、患部の腫れや血管・神経の損傷を防ぐことが目的です。

Ｉｃｅとはズバリ氷を使って患部を冷やすこと。冷やすことで、血管を収縮させて炎症や出血をおさえ、痛みを軽減させます。

Ｃｏｍｐｒｅｓｓｉｏｎは周囲の組織や血管を圧迫すること。患部に細胞液や血液がにじみ出して内出血や腫れが起こるのをおさえます。

Ｅｌｅｖａｔｉｏｎとは、患部を心臓よりも高くすること。患部への血流を減らし、腫れや内出血をおさえます。

この４つを同時に行うのがＲＩＣＥです。

基本的なアイシングの方法

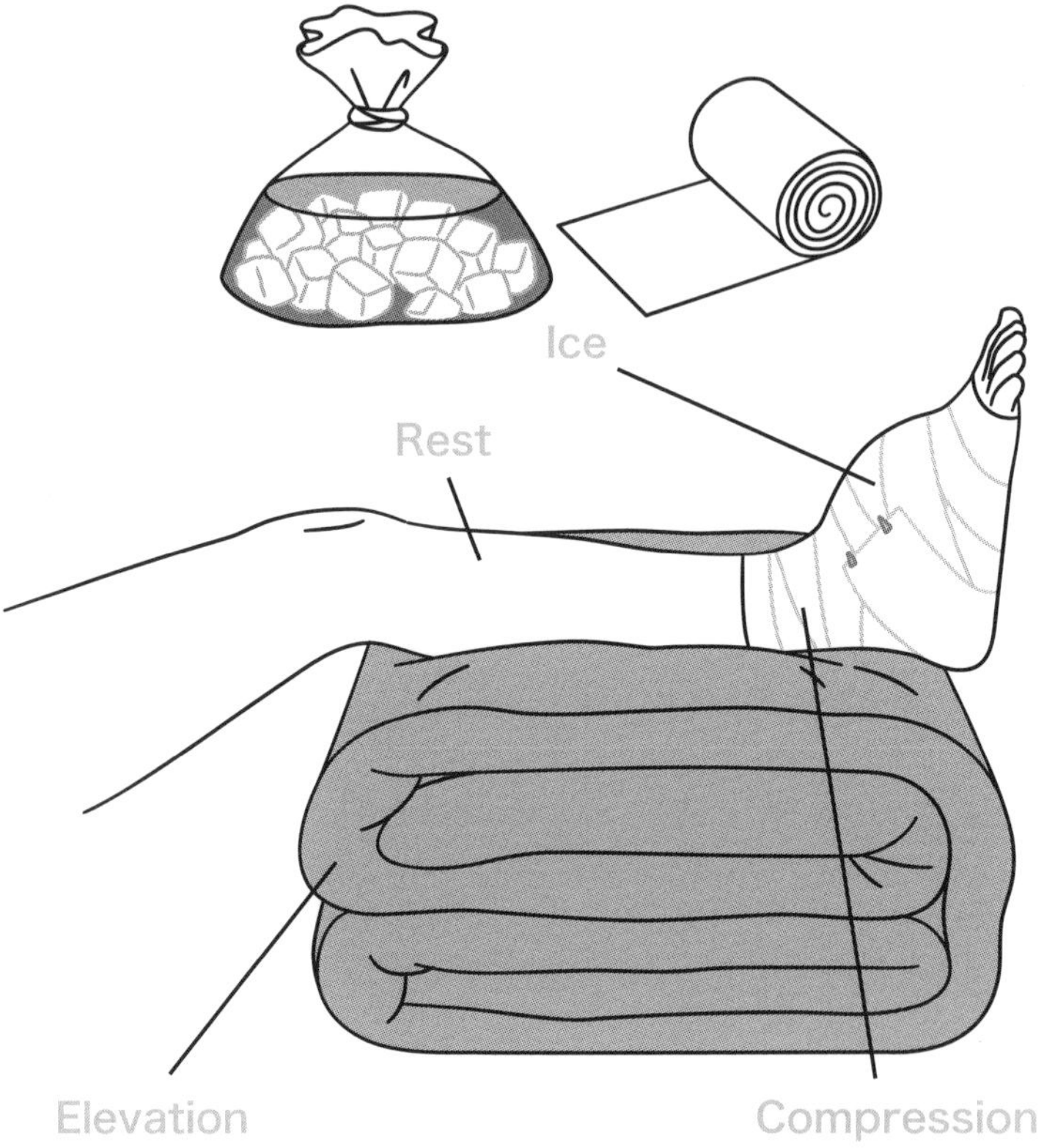

たとえば、ランニング中に足をひねって足首を痛めたとしましょう。氷嚢《ひょうのう》、または食品保存用袋や2枚重ねたビニール袋に、氷とごく少量の水を入れます。このとき、患部に密着させるために内部の空気をぬいてください。

患部に氷袋をあて、専用のアイスラップや包帯などを使って圧迫します。足首の位置が心臓より高くなるよう、重ねたタオルや椅子などの上に置き、安静にします。時間は20分。ケガの程度によっても変わりますが、腫れがひかずもう1セット行う場合は、最低でも2時間は空けましょう。

継続して30分以上行うと、冷えすぎた体を温めようとする機能が働き、逆に血流がよくなってしまうので、冷やしすぎには注意が必要です。

トレーナーの間では**「迷ったら1秒でも早く冷やせ」**が合言葉。すぐに冷やせば、翌朝には回復できたケースが、処置を怠ったがために回復に1～2週間を要してしまうこともあります。ケガを甘く考えず、痛みを感じたらすぐにＲｉｃｅ処置を行いましょう。

ランニングによる痛みとケガを区別しよう

ランニングをしていると、筋肉痛などの痛みをともなう場合があります。距離を延ばしたとき、坂の多いコースを走ったとき、トレイルなどのオフロードを走ったときなどに筋肉痛が生じやすくなります。

その痛みは筋肉痛レベルのもので深刻な問題ではないか、ケガの前兆なのか、専門的な判断とはいかなくても、ある程度は把握できるようにしておくと、無理をしなくなりますし、少々の痛みで不安にかられることもなくなるでしょう。

次ページの表は、それを判断するための目安になります。

痛みが出た場合は、ランニングを中止してアイシングなどのケアを行いましょう。ケガでなけ

ケガと痛みの区別の仕方

正常な痛み（通常の筋肉痛か危険信号までいかない程度の痛み）	危険信号（ケガの徴候からくる痛み）
身体の両側	身体の片側
全体的に感じる	局所的に感じる
筋の中央に感じる	関節周囲に感じる（関節部の腱や靭帯）
トレーニング強度を変えたあとに見られる	毎回見られる
トレーニング時間を変えたあとに見られる	毎回見られる
新しいメニュー、新しいコースで見られる	いつものメニューで見られる
ウォーミングアップの後によくなる	トレーニング中に悪化する
日々、徐々によくなっている	悪化している、変わらない
フォームに影響しない	フォームに影響されている

※あくまでも一つの目安です。特にトレーニング時間や強度が変わったとき、新しい動作をしたときには注意が必要です。通常であれば1〜2日程度で回復するはずですが、痛みが悪化し続けている、痛みがあることによりフォームを変えなければならない、しっかりウォーミングアップをしても痛みが続く場合には医師・トレーナーに相談すること。

引用：『The ATHLETE'S GUIDE TO RECOVERY』SAGE　ROUNTREE 著　山本利春　監訳

れば1〜2日で回復するはずですが、痛みが継続するようであれば、医師に相談するようにしてください。

入浴がリカバリーの助けになってくれる

ランニングによって生じた疲労をぬき、さらに睡眠の質を高めるために、浴槽入浴は非常に効果的です。シャワーだけでは得られない、温熱作用、静水圧作用、浮力作用という3つの効果があり、これらが疲労回復を促してくれるのです。

温熱作用とは温かいお湯につかることで得られる効果。

血流が促進されるため、**酸素や栄養素が体の隅々までゆきわたり**

ます。筋温が上昇し、筋膜の抵抗性が下がるので、静的ストレッチをする際に、筋肉を伸ばしやすくもなります。

静水圧作用とは、水圧によって得られる効果です。水圧によって体の比較的表面に近い位置にある静脈とリンパ管が圧迫されることで、**老廃物を取り除く静脈血とリンパ液の循環がよくなります。**

浮力作用は、ズバリ水中での浮力による作用です。下半身や背中などの筋肉は、姿勢を保つために常に働いているのですが、水中では浮力のおかげで重力による負担が減り、**緊張がほぐれやすくなります。**

浴槽入浴をするだけで、これだけの効果が得られ、心身のリラックス、疲労回復が促進されます。よりリカバリーを促したいときは、お湯と水風呂（アイスバス）に交互につかる交代浴も有効です。

全身を湯船で温めた後、下半身のみを水風呂で15〜30秒ほど冷やし、再度湯船で30〜60秒温めるのを5〜10セット繰り返すのが、交代浴の一般的な方法です。強い疲労を感じたときには、水風呂がある入浴施設などで試してみるのもおすすめです。

POINT

ランニングビギナーのための体にやさしいギア選び

シューズだけはお店で直に購入を

場所や時間を選ばず、思い立ったときに気軽に始められるのがランニングのメリットです。登山やゴルフ、サイクリングなどと比べて必要なギアが少なく、始める際にコストがかからないのも魅力でしょう。

唯一、しっかりしたものを用意してもらいたいのがランニングシューズです。高級なシューズが必要というわけではありませんが、**街履き用のスニーカーで走るとケガのリスクが高まってしまうので、専用のシューズを用意してもらえたら**と思います。

ランニングでは、着地時に体重の約3倍の衝撃が脚にかかるといわれています。街履き用のスニーカーには、この大きな衝撃を緩衝し脚を支えるのに十分な機能が備わっていないため、筋肉や関節への負担が大きくなります。

ビギナーズランナー、特にミドルエイジランナーの場合、衝撃に耐えるために必要な筋力が不足している人がほとんどです。機能不足のシューズで長時間のランニングを行うと、膝や足首などに痛みを覚える可能性が高くなってしまいます。

避けることができるケガで走れなくなるのは、非常に残念なことです。

ランニングシューズを購入するときは、オンラインではなく、スポーツショップなどの専門店に足を運ぶことをおすすめします。シューズは、自分の足にジャストフィットなものを選ぶ必要があるからです。

たとえば、普段履いている仕事用の革靴や街履きのスニーカーが26センチだったとしても、フィットするランニングシューズが26センチとは限りません。メーカーによって差異があり、同じメーカーのランニングシューズでもモデルによって足型が違っていたりします。

いくら高機能なランニングシューズを選んだとしても、サイズが合っていなければその機能が発揮されないどころか、足のトラブルにつながります。ショップのスタッフと相談しながら、試し履きをしてから購入するようにしましょう。

近年は、カーボンプレートを搭載した厚底のランニングシューズがトレンドになっていますが、これはあくまでレースで好タイムをねらう上級者向けのものです。ビギナーズランナーの脚力では、不安定さなどデメリットのほうが大きくなるので注意が必要です。

また、軽量性を追求したシューズは、衝撃吸収性やサポート性といった、ビギナーズランナー

ランニングシューズを選ぶときの注意点

ソールの減り具合に気をつけましょう

軽量性追求タイプ

カーボンプレート搭載の厚底タイプ

に欠かせない機能を削ぎ落とした、上級者向けのものである場合がほとんどです。アスリートがレースで着用しているシューズは魅力的に見えるものですが、自分に合っているかは別の話なのです。

また、ある程度シューズを履き込んだら、買い替えることもケガの予防には重要です。**目安は800〜1200キロ**といわれていますが、走り方による個人差があり、シューズによっても違います。

距離以外の目安になるのがソールの減り具合です。アウトソールと呼ばれるゴムの部分がなくなってしまうと、グリップ力が大きく低下して滑りやすくなります。滑りやすいシューズは、脚に負担をかけることになり、転倒のリスクもあります。**シューズの底がツルツルになる前に、新調するべき**でしょう。

その人の走り方のクセによっては、シューズの内側・外側のどちらかに偏ってソール部分が削れることがあります。あまりにも偏りが極端なシューズでランニングをすると、体のバランスを崩す原因になるので、足になじんでいる感覚があったとしても買い替えを推奨します。

ランニングウォッチで成長を見える化

ランニング中のペースや距離が確認できるランニングウォッチはとても便利で、データが蓄積していくため過去の自分からの成長が実感でき、モチベーションの維持に貢献してくれます。近年は、スマートフォンとアプリでそれが可能なので、わざわざランニングウォッチを手に入れなくてもいいと思う人も多いでしょう。

もちろんランニングを楽しむのにランニングウォッチは必須ではありません。ランニング中にスマートフォンを邪魔だと感じるのなら、持って走る必要もありません。しかし、**より効率的に脂肪燃焼や持久力向上を目指したいのであれば、心拍数を計測する機能を備えたランニングウォッチがあると非常に便利**です。

心拍数とは、全身に血液を送り出すために1分間に心臓が拍動する回数のこと。基本的に心拍数と脈拍は一致しているので、そのほうがわかりやすければ脈拍のことだと思ってもらって構いません。

人間が1分間に発揮することのできる心拍数は、最大心拍数と呼ばれ、加齢にともなって低下していくといわれています。おおよその値は「220－《マイナス》年齢」で求めることができます。

それでは、なぜ心拍数を計測することが、効率的な脂肪燃焼や持久力向上につながるのかを説明しましょう。

左のグラフを見てください。運動強度によって、主にどのような効果が得られるかがわかります。つまり効率を考えるなら、目的に応じて運動強度を変える必要があるということです。

運動中に維持する目標心拍数（ターゲットハートレート）を算出してみたいと思います。目標心拍数は「（２２０−《マイナス》年齢−《マイナス》安静時心拍数）×目標運動強度（％）＋安静時心拍数＝目標心拍数」という式で求めることができます。

運動習慣がない人の安静時心拍数は70〜80といわれてますが、安静時（横になるか座った状態で５分以上安静にしてから計測。起床時に測定するのがおすすめ）に自身の心拍数を計測してみましょう。このときもランニングウォッチの心拍測定機能を利用すると便利です。

左ページのグラフを見ると、脂肪燃焼に適した運動強度は60〜80％となっているのがわかります。たとえば年齢が50歳、安静時心拍数70の人が運動強度70％を目標とするならば、目標心拍数は１４０ということになります。つまり心拍数１４０前後をキープして走り続けると、効率的に脂肪を燃やすことができるということです。

脂肪燃焼にせよ、持久力向上にせよ、具体的な目標をもってランニングに取り組む場合、心拍数を計測できるランニングウォッチは、目標達成の強力なパートナーとなってくれるでしょう。モデルによっては、ランニング中の心拍数がどのゾーンに入っているかをリアルタイムで教えてく

効率良く体脂肪が燃焼できる強度をチェック

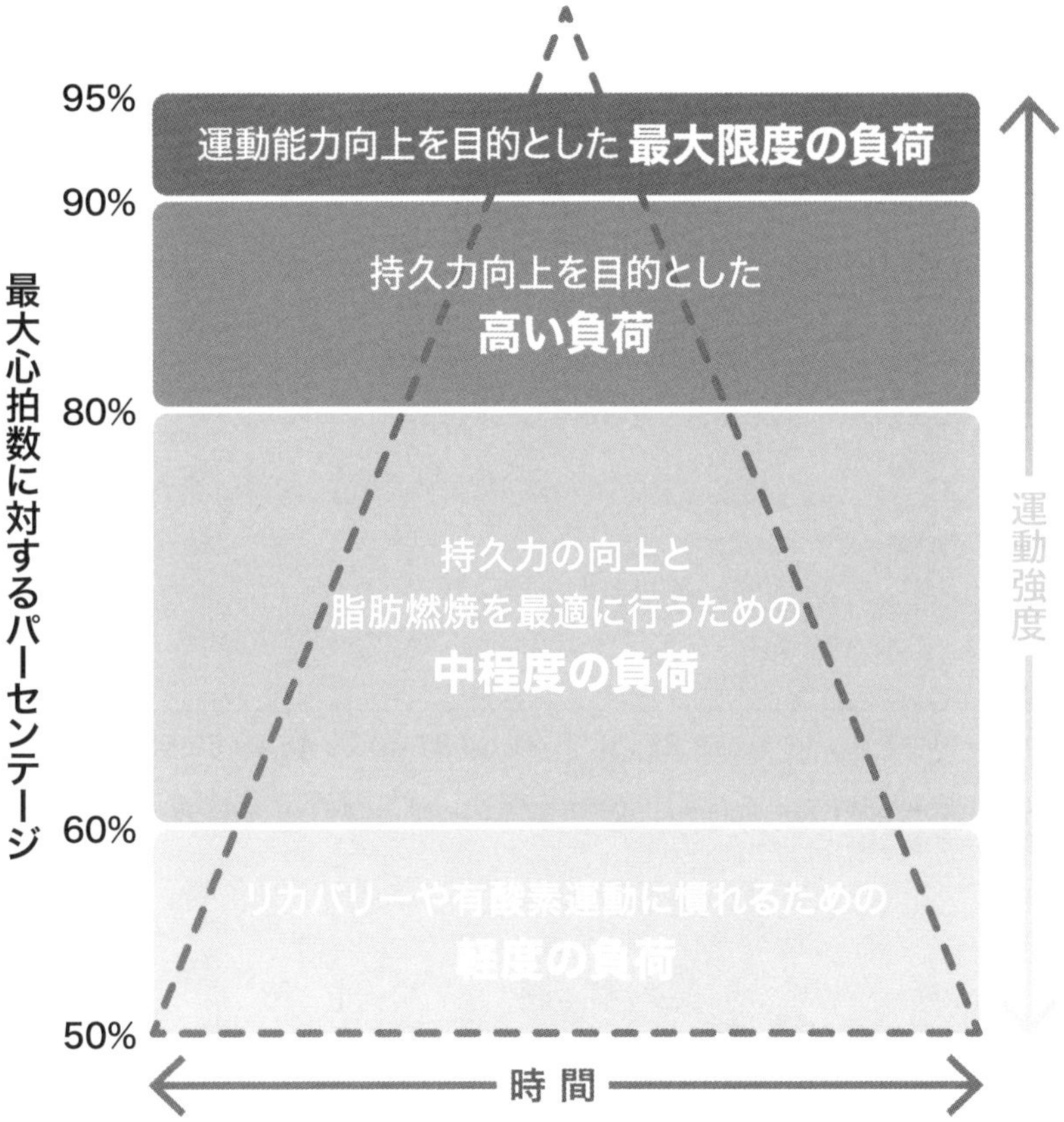

※研究者や指導者の考え方によって若干数値が違います。

（220 − 年齢 − 安静時心拍数）× 目標運動強度（%）＋ 安静時心拍数

＝ **目標心拍数**（ターゲットハートレート※）

※ターゲットハートレート
ランニングをする目的によって設定
脂肪燃焼を目的とした心拍トレーニングは最大心拍数の60〜80%（カルボーネン法で算出）

心拍数と脂肪燃焼ゾーンの関係性

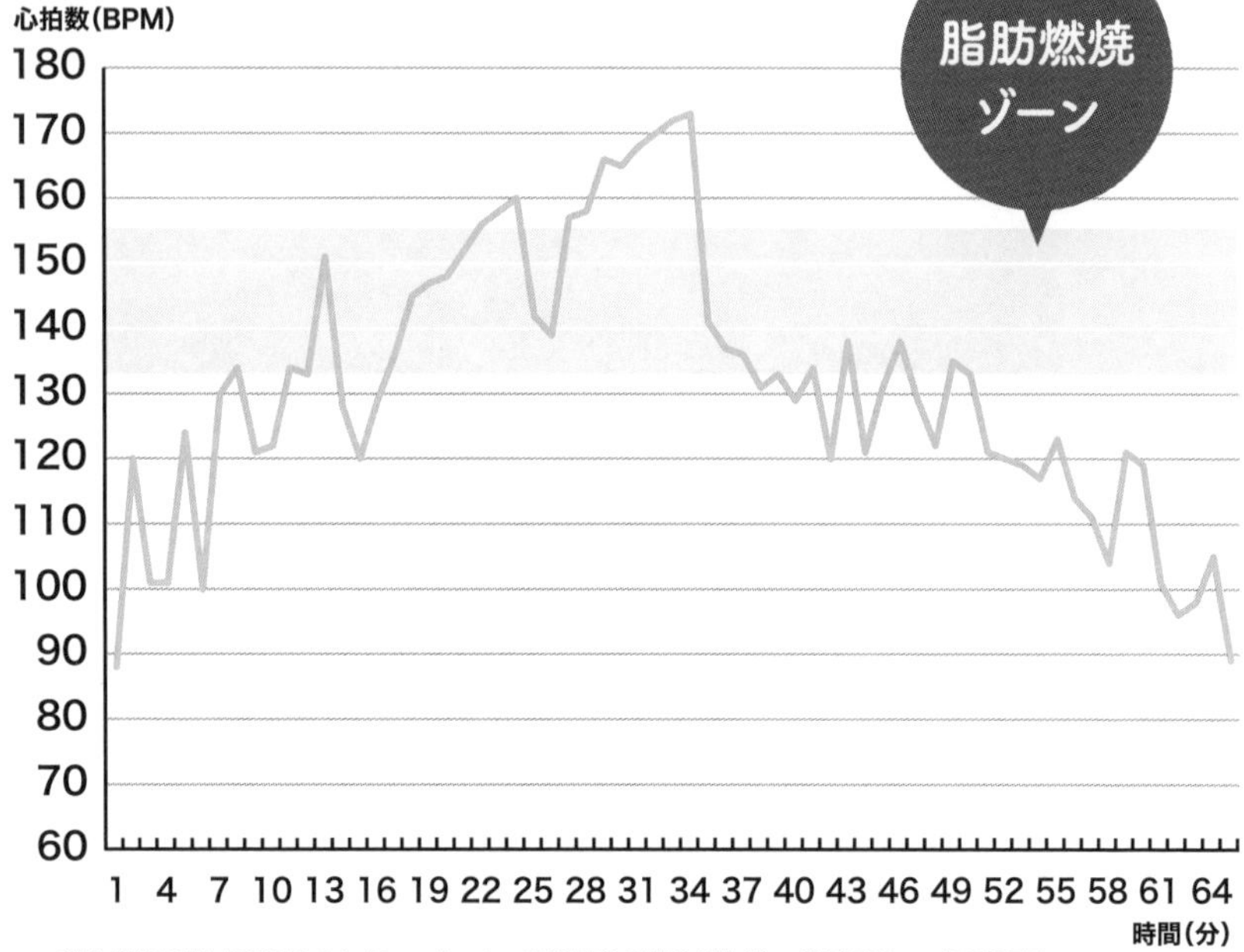

一般女性(40歳・趣味YOGA・Running)　安静時心拍数64拍/分　体重51kg　身長155㎝
路面：舗装路・高低差あり

れるものもあります。

心拍数を把握しなくても、運動強度は自分で推測できるのではないかと思う人もいるでしょう。確かにある程度は可能です。第1章でウォーキングは主観的運動強度の「ややキツい」に該当するペースで行いましょうと言いました。脂肪燃焼に適した60〜80％の運動強度は、p17の主観的運動強度の表に照らし合わせると、「ラクである」から「ややキツい」あたりになります。しかし、やはり主観ではあるので「ややキツい」と感じるペースは人それぞれ。運動経験や体質によって大きな差が生じます。

上のグラフは、とあるランナーに

「自分でややキツいと感じるペースで走ってください」と伝えて、60分間走ってもらったときの心拍数を計測したものです。そして、効率よく脂肪燃焼できる目標心拍数を表したのがうすいブルーのゾーンになります。いかがでしょう。本人の主観と実際にキープすべき心拍数には開きがあるのがわかると思います。

複数のランナーを対象にテストしましたが、60分間のランニングで一度も脂肪燃焼ゾーンに達しない低い心拍数で走るランナーもいましたし、ほとんどの時間で脂肪燃焼ゾーンよりも高い心拍数で走っていたランナーもいました。

心拍数の測定を継続し、自分の感覚と心拍数の関係を把握できるようになれば、主観的運動強度に頼っても大丈夫だと思います。しかし、ビギナーズランナーが効率よく目標を達成しようとした場合、心拍数測定機能のついたランニングウォッチに頼ったほうが間違いないでしょう。「なんとしても」「すぐに」目的を達成したい人は、持っていて損はないと思います。

夏はサングラスで紫外線対策

人は、**骨を強くするために欠かせないビタミンDを、日光を浴びた皮下で作り出しているので、ウォーキングやランニングをして適度に日差しを浴びることはとてもいいこと**です。しかし、紫外線の浴びすぎはみなさんがご存知のとおり、体にダメージを与えます。

長年にわたって紫外線を浴びるとシミやシワの原因になることは広く知られていますから、特に女性ランナーは、帽子や日焼け止め、アームカバーなどで紫外線対策をしている人が多いでしょう。熱中症対策にもなるので、夏は帽子が必須といえるのですが、帽子についてはいわれなくても被る人が多いのではないでしょうか。

紫外線対策として忘れがちなのが、目を守ることです。目は、紫外線に対して皮膚などのガードがなく、剥き出しになっている臓器です。紫外線はある程度までは眼球表面の角膜で吸収されます。しかし角膜を通過して、レンズの役割をしている水晶体や、その奥の網膜まで到達することもあります。その結果、白内障など目の病気を引き起こします。

紫外線から目を守るのに有効なギアがサングラスです。「サングラスをかけるのは恥ずかしい」などと思わないでください。ミドルエイジの方であれば、目の大切さが身にしみているでしょう。できるだけ長く健康な目でいるためにも、紫外線の強いシーズンや時間帯はサングラスをかけて走るようにしましょう。

そしてサングラスは目を守るだけでなく、コンディション維持にも一役買ってくれます。特に中高年のランナーには積極的に活用してもらいたいものです。

紫外線にさらされている目を守るにはビタミンCが不可欠です。ビタミンCを十分にとれている人は、白内障のリスクが小さいといわれていますが、逆にいえば不足するとリスクが高くなります。**サングラスをしないということは、目で大量にビタミンが消費される可能性がある**ということです。

目を紫外線にさらした状態で長時間のランニングをしたことで、ビタミンCが消費されると、副腎や免疫でビタミンCが不足し、ストレスから体を守れない、免疫機能がうまく働かないといったことが起こります。

人にとってビタミンCは大切な栄養素です。生命維持に欠かせないホルモンを分泌する過程でたくさん消費します。

サングラスを活用しない手はないということが、わかってもらえたでしょうか。

夜間に走るランナーは目立ってなんぼ

ランニングウェアは吸汗速乾性に優れた動きやすいものを選ぶのが基本。たとえば、カジュアルウェアに使われることが多いコットンは、汗を吸うと重くなるのに加え、汗冷えの原因にもなります。ランニング専用のウェアを選んでおけば間違いないでしょう。

夜間に走ることが多い人は、安全性にも配慮してウェアの色を選びましょう。周囲から認識しづらい黒や紺、赤など色の濃いものを避け、白や黄色などの明るい色を選択するのがおすすめです。

加えて、反射素材やLEDライトを備えたバンドなどを身につけておくと安心でしょう。ナイトランはとにかく目立つことが大切です。恥ずかしいなどと思わずに、クルマからも歩行者からもすぐに認識される格好で走るようにしてください。

Episode 2

第2章

いちばんの不安
〝痛み〟を遠ざける

とにかく膝周辺の痛みを防ぐために

1 膝外側の痛み 腸《ちょう》脛《けい》靭《じん》帯《たい》炎《えん》

ランニングはサッカーやラグビー、格闘技のようなコンタクトスポーツではありません。また、スキーやスノーボードのように転倒する可能性が高いわけでもないので、ケガのリスクも比較的少ないといえるでしょう。

しかし、運動習慣のなかったミドルエイジの人がランニングを始めれば、筋力不足や柔軟性不足が原因で特定の部位に負担が集中。故障につながる可能性があります。

また、長年走っているランナーであれば、それに加えて走行距離の多さ、ケア不足などによって、ランニング障害を引き起こすことがあります。十分にケアをしているつもりでも、走行距離が延びたり、走るペースが速くなったり、レースに出場するようになったりすると、想像以上に負担がかかり、今までになかった痛みが出ることもあります。

無理をしないこと、ランニングを終えたらp78～87で紹介している静的ストレッチを十分に行うこと、違和感や痛みを感じたら速やかにアイシングを行うことが故障の予防となります。また、負担が特定の部位に集中するのを防いだり、筋力や柔軟性のバランスを整えるために、ヨガや水泳、ジムでの筋トレなどの運動をランニングと並行して行うのもおすすめです。

ここでは**特に膝周辺の痛みに悩まされることが多いミドルエイジランナー**に起きやすい、ランニング障害の原因と対処法を紹介していきたいと思います。

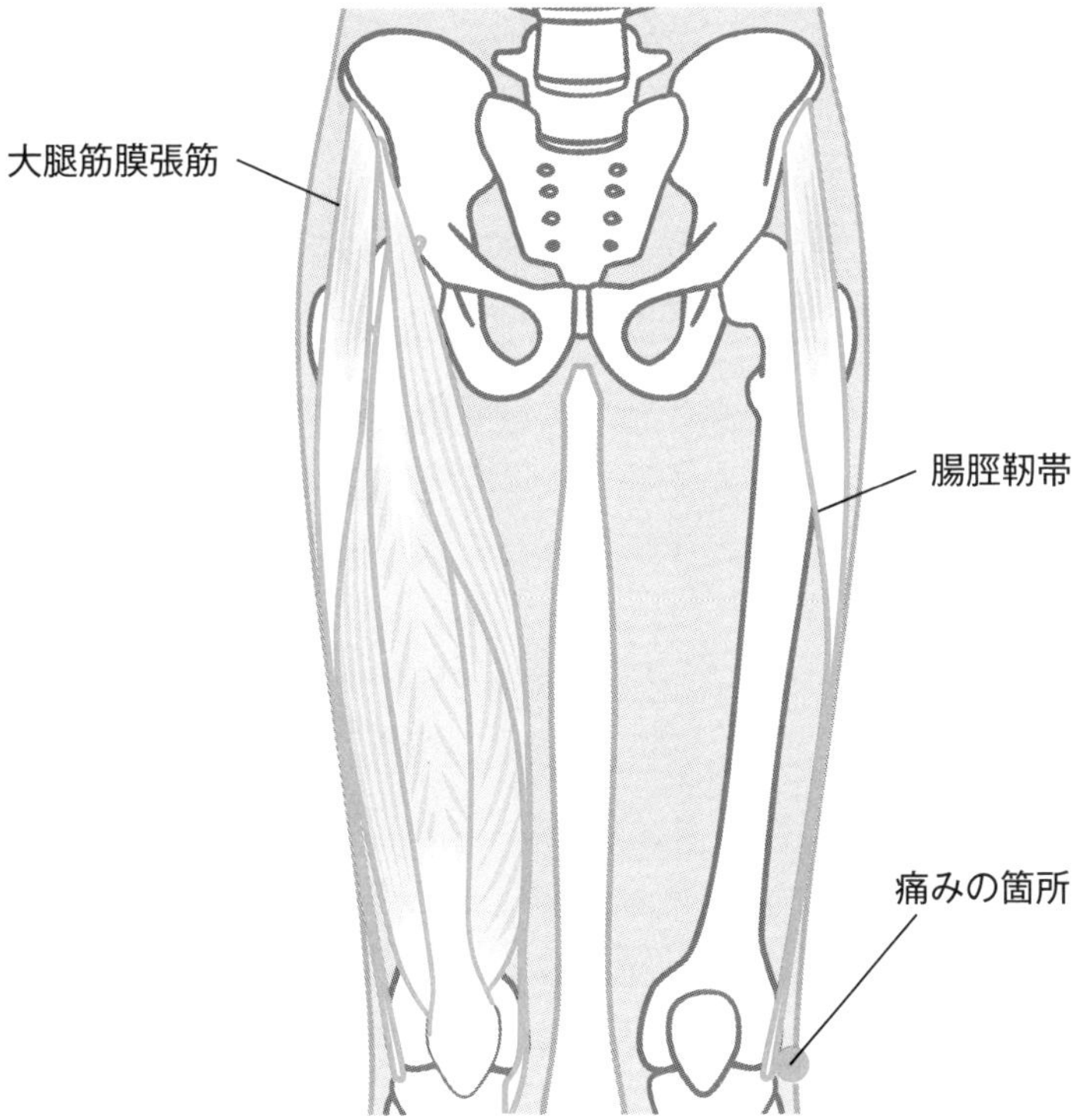

ランニング中、**足に体重をのせたときに、膝の外側に痛みや違和感を感じる場合、腸脛靭帯炎が疑われます。**〝ランナーズニー〟という呼び名があるほど広く知られるランニング障害のひとつで、ビギナーズランナーに多く見られます。

走りすぎ、走行距離の急激な増加、ウォーミングアップおよびケア不足、太ももやお尻の柔軟性不足などが主な原因になります。

腸脛靭帯とは、太ももの外側を通る大きく丈夫な靭帯で、骨盤の一部である腸骨《ちょうこつ》から膝関節をまたいで脛骨《けいこつ》という脛《すね》の骨までつながっています。

膝の曲げ伸ばしを繰り返し、大腿骨《だいたいこつ》の外側の骨と腸脛靭帯が擦れ合うと炎症が起き、痛みが生じます。

腸脛靭帯は太ももの筋肉である大腿筋膜張筋《だいたいきんまくちょうきん》と、お尻の筋肉である大《だい》臀筋《でんきん》とつながっています。この2つの筋肉が硬くなると、腸脛靭帯が引っ張られ、骨との隙間がなくなり、炎症を引き起こします。

腸脛靭帯炎の経験がある、お尻や太ももの筋肉が硬い人は、通常のケアに加えて、大臀筋、大腿筋膜張筋の静的ストレッチを入念に行いましょう。

❶に効く！ 大臀筋《だいでんきん》のストレッチ

① 膝立ちの姿勢から、片方の脚を前に出しながら、両手を床につけます。

② 前に出した脚の膝から下を、両肩を結んだラインと平行になるように反対側の手に向かって流します。

③ 後ろに伸ばした脚は、骨盤が傾かないように気をつけながら、後方へ伸ばします。

④ 息を吐きがら上体を前に倒し、お尻に伸び感を感じたところで30秒キープし2~3セット繰り返します。反対側も同様に行いましょう。

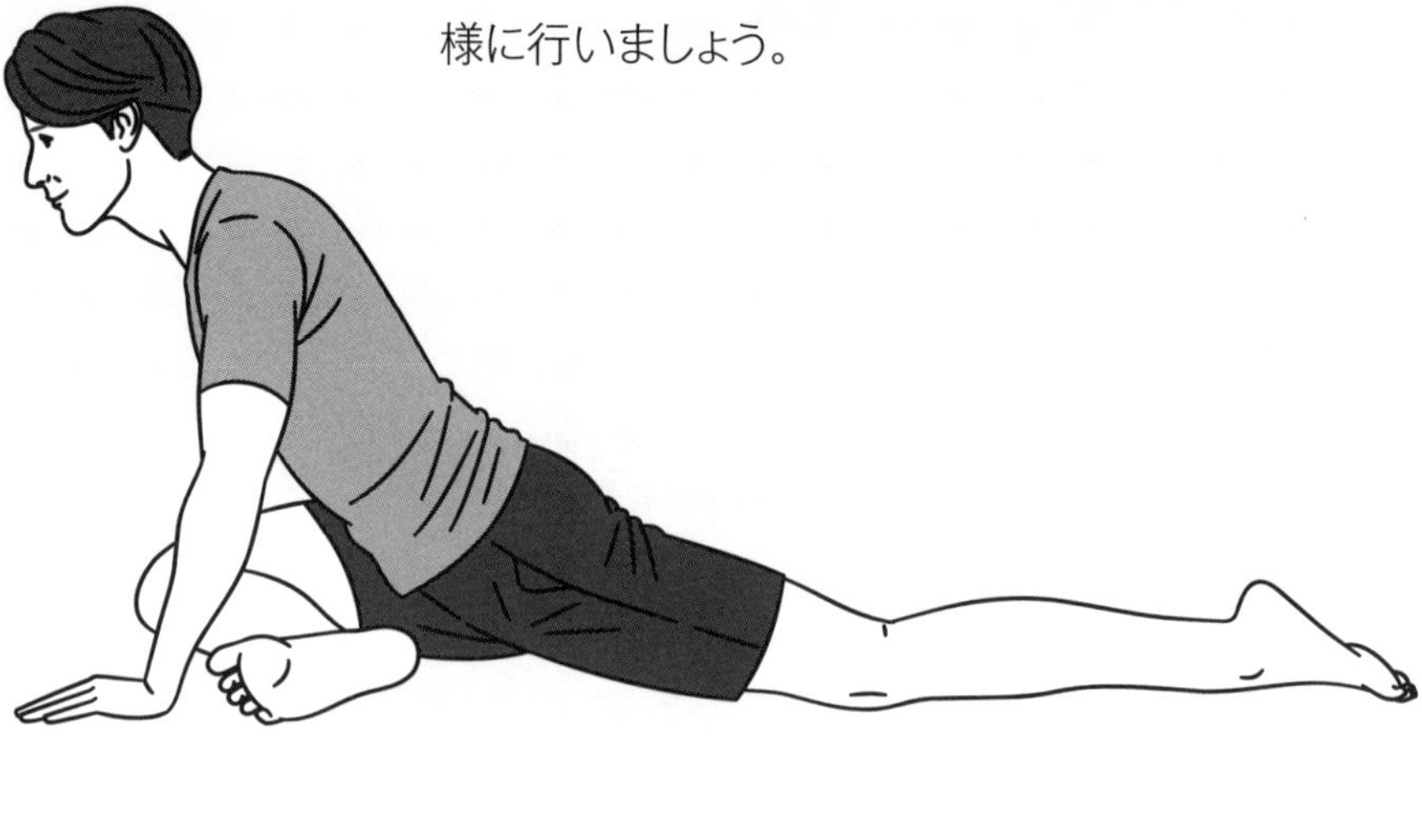

①に効く！ 大腿筋膜張筋《だいたいきんまくちょうきん》のストレッチ

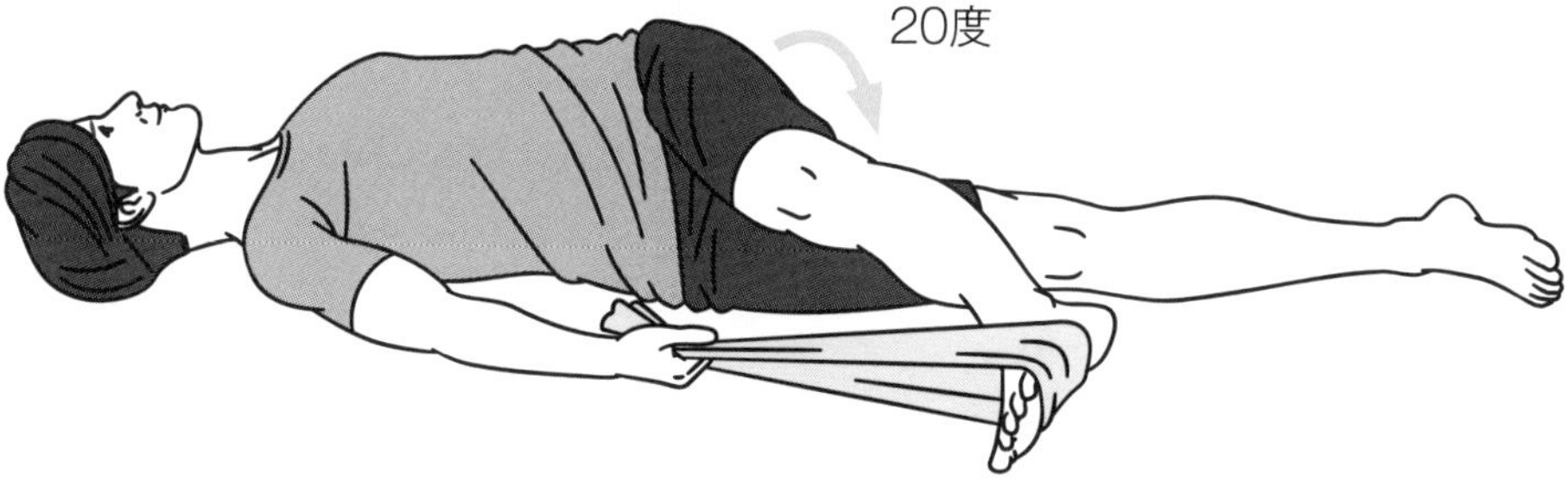

① タオルを用意します。

② 仰向けになり、片方の足にタオルをかけ、脚を伸ばします。

③ タオルは、伸ばした脚とは逆の手で持ちます。

④ タオルを持った手の側に伸ばした脚を倒します。このとき、背骨と倒した脚の大腿骨の角度が20度程度になるようにします。

⑤ 上体が起きないように注意しながら、30秒キープし2~3セット繰り返します。反対側も同様に行いましょう。

2 膝蓋腱炎《しつがいけんえん》

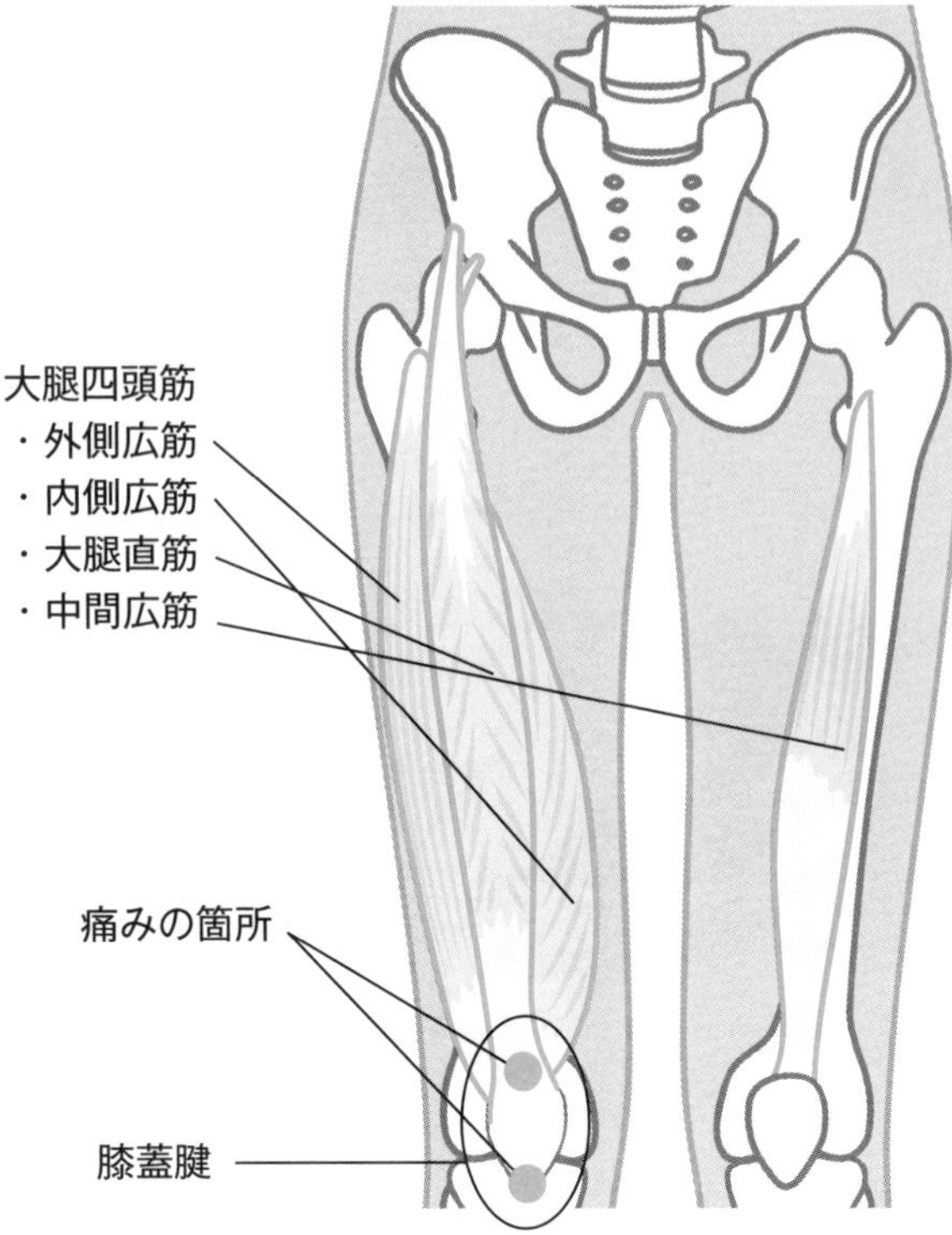

ランニング中、**特に着地の際に、膝の前面や周辺に痛みや違和感を感じる場合、膝蓋腱炎が疑われます。**

〝ジャンパー膝〟とも呼ばれ、バレーボールやバスケットボールなどジャンプを繰り返すスポーツで起こりやすい障害です。

膝蓋腱は、膝のお皿と呼ばれる膝蓋骨《しつがいこつ》と、脛骨をつなぐ腱。ランニングによる膝の曲げ伸ばしを繰り返すことで、炎症が起こり、痛みや違和感が生じます。場合によっては、患部が熱を持ったり、腫れたりすることもあります。

また、着地時の衝撃を吸収する役割も担っています。ランニングの走行距離が延びたり、走る頻度が増えると、それだけダメージが蓄積することになるので、注意が必要です。

ストライドの大きい人、地面を強く蹴って走っている人は、膝蓋腱炎を起こす可能性が高くなります。膝の前面や周辺に違和感を感じることがある人は、ｐ23で紹介している関節に負担がかからないフォームを意識してみてください。

膝蓋腱炎の予防にはここで紹介するストレッチに加え、ｐ78に掲載している大腿四頭筋のストレッチも有効です。大腿四頭筋の柔軟性がなくなると、膝蓋腱が引っ張られることになります。その状態で膝の曲げ伸ばしを繰り返すと、膝蓋腱への負担が大きくなるので、日ごろから大腿四頭筋のストレッチを入念に行いましょう。

②に効く！ 膝周辺の腱のストレッチ

① 椅子の座面に片方の足をのせ、背もたれを両手でつかんでバランスをとります。

② 椅子の上に足をのせた側の膝を曲げます。

③ 息を吐きながら上体を倒し、膝の周辺を伸ばしていきます。

④ 十分に伸び感を感じたところで30秒キープし2～3セット繰り返します。反対側も同様に行いましょう。

3 鵞足炎

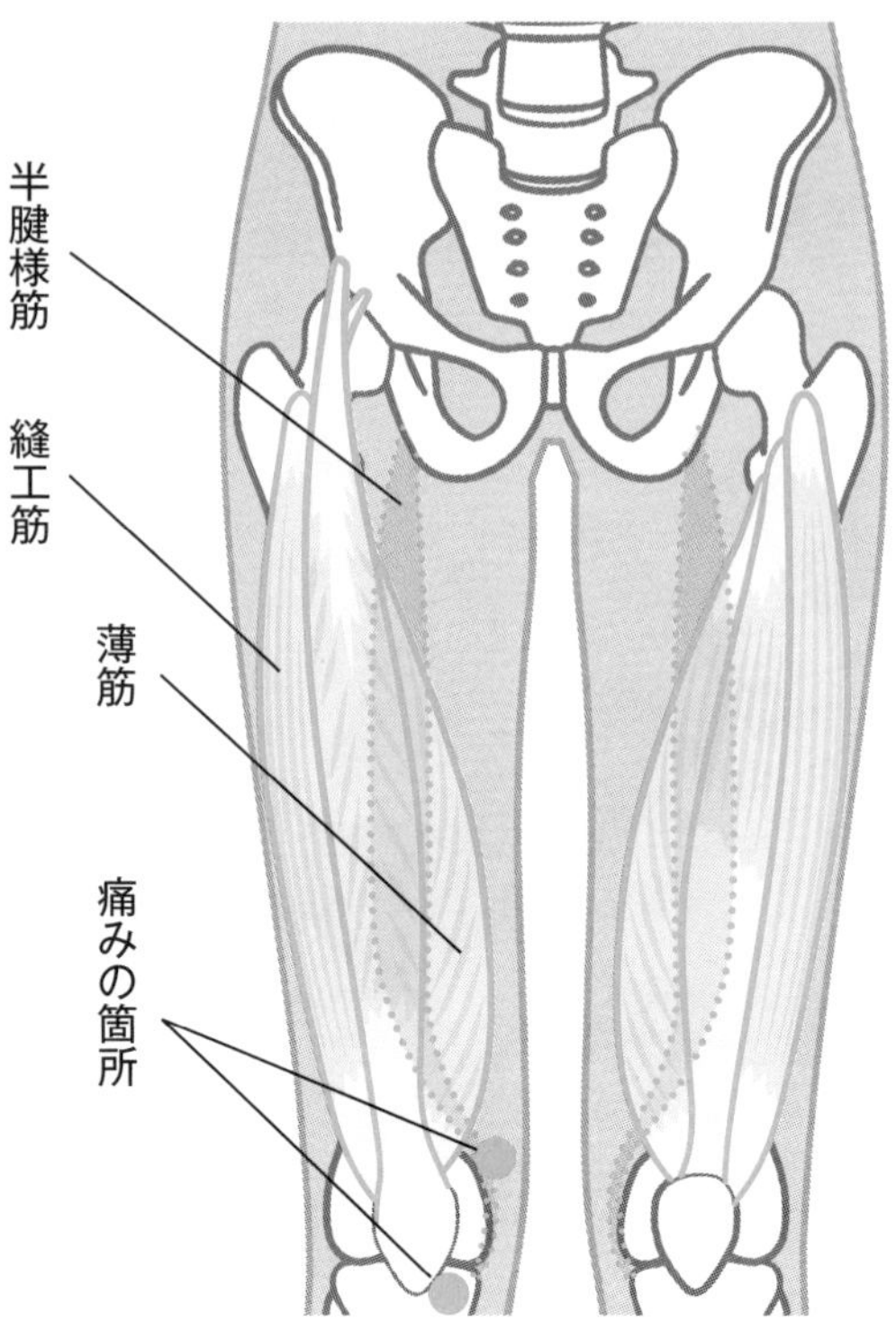

骨盤から膝の内側に向かって伸びる半腱様筋《はんけんようきん》、薄《はっ》筋《きん》、縫工筋《ほうこうきん》という3つの筋肉があります。その3つの筋肉の腱は、膝の内側で脛《けい》骨《こつ》に付着しています。この付着部は、ガチョウ（鵞鳥）の足の形に似ていることから鵞足と呼ばれています。

鵞足炎は、**膝の屈伸運動が繰り返されることによって、鵞足が脛骨と擦れて起こる炎症**で、腸脛靭帯炎と並んでポピュラーなランニング障害です。

ランニング後に、**膝の内側にはっきりしない痛みや違和感を感じるのが鵞足炎の初期症状。**進行すると、階段の上り下りや、普通に歩くときにも痛みが生じるようになります。患部の動きに合わせて痛みの箇所が変わるのも鵞足炎の特徴です。

走りすぎや、膝が内側に倒れ込むような走り方が主な原因ですが、半腱様筋、薄筋、縫工筋の柔軟性が不足していると、炎症の起こる可能性が高くなります。

予防策としてp84で紹介しているハムストリングスのストレッチ（半腱様筋はハムストリングスの一部）に加え、薄筋のストレッチを行いましょう。

③に効く！ 薄筋《はっきん》のストレッチ

① タオルを用意します。

② 仰向けになり、片方の足を引き寄せて、足裏にタオルをかけます。

③ タオルの端を同じ側の手で持ち、腕を引きます。

④ 太ももの内側に伸び感を感じたところで30秒キープします。上体が起きないように注意してください。反対側も同様に行いましょう。

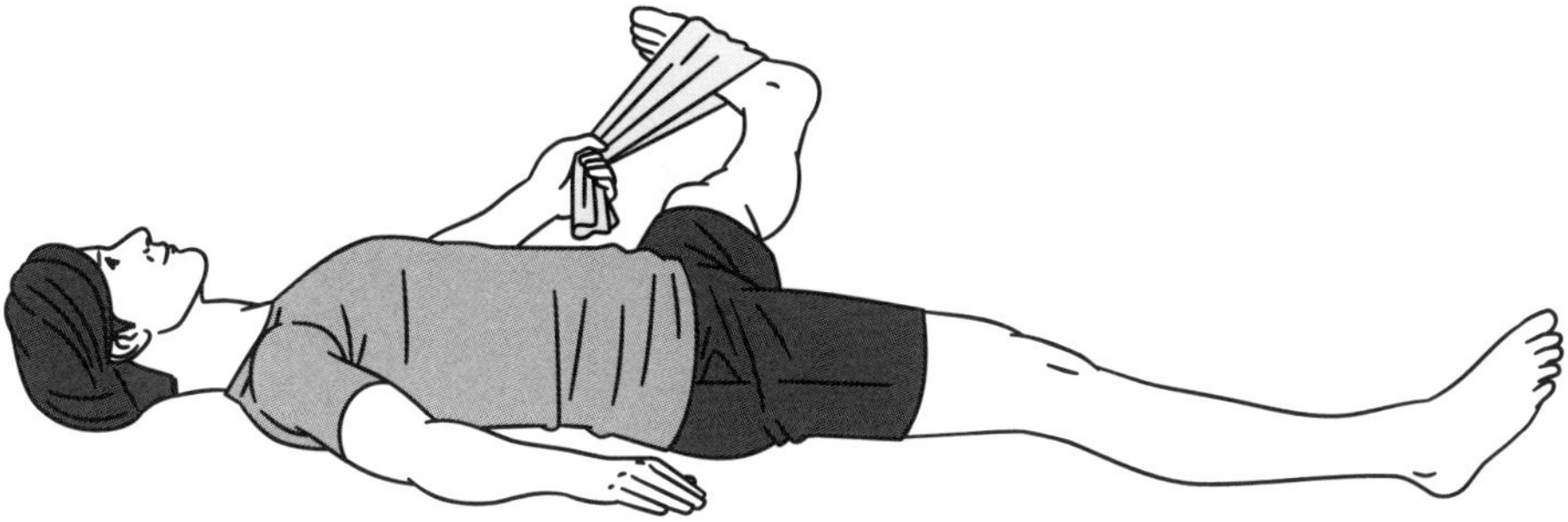

4

足底の痛み

足底筋膜炎《そくていきんまくえん》

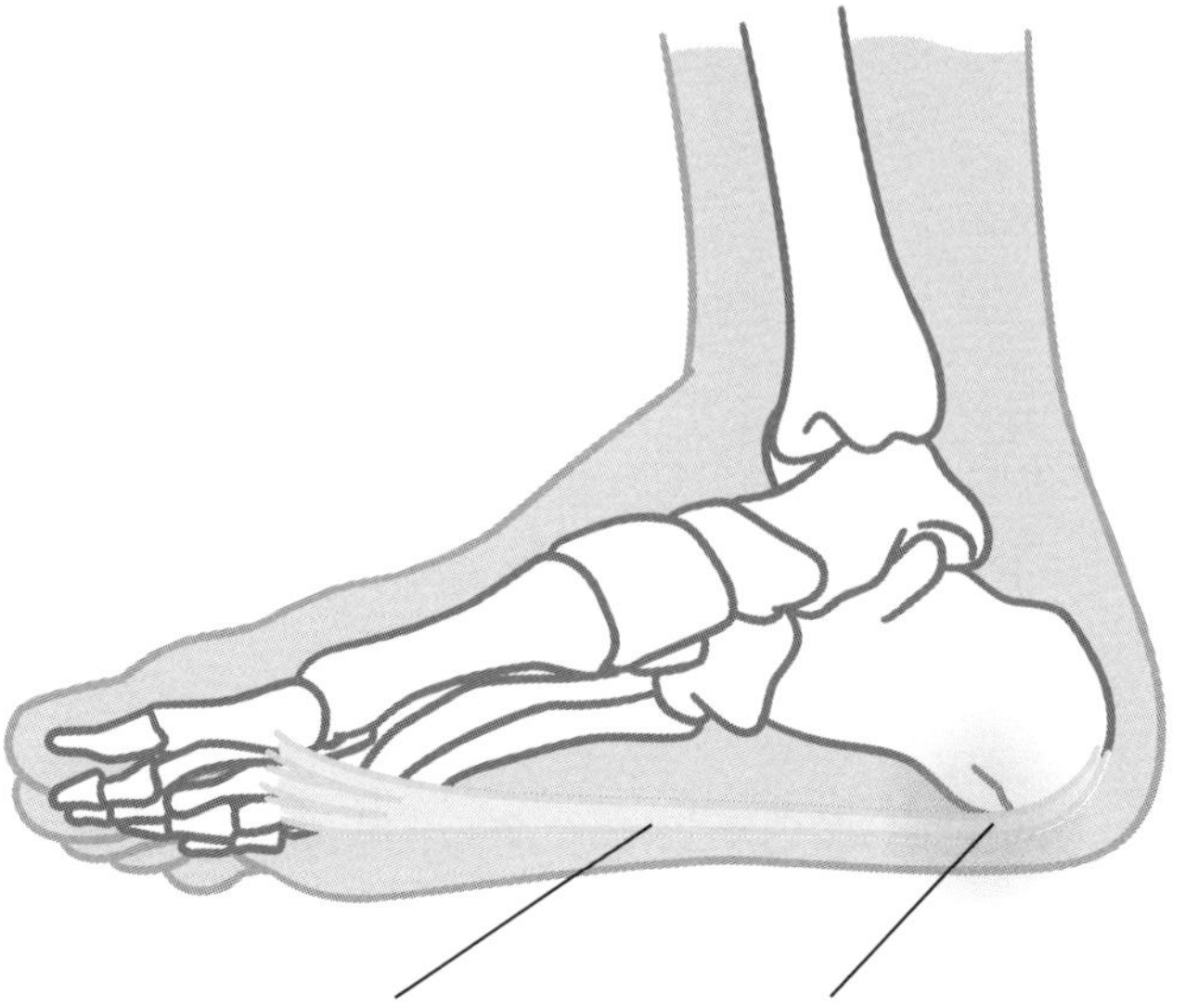

ランナーが朝起きて、**床に足をついた瞬間に、足裏に痛みを感じたら、真っ先に疑われるのが足底筋膜炎です。**

人間の足は、前後方向と横方向にアーチがある構造になっていて、着地の衝撃を緩和、吸収しています。この足裏のアーチ構造を支えているのが、足底筋膜と呼ばれる膜状の腱組織で、かかとから足指の付け根まで広がっています。

足底筋膜の張力によって、次の着地に備えたアーチが作られるのですが、ランニングによる着地衝撃が繰り返されると、疲労や過負荷によって炎症を起こすことがあるのです。

足底筋膜炎は、アーチが低い扁平足《へんぺいそく》の人にも、アーチが高いハイアーチの人にも起こりやすい障害です。また高齢になると起こりやすい障害のひとつです。扁平足の場合は着地衝撃がダイレクトに足底筋膜にかかり、ハイアーチの場合は、着地のたびに足底筋膜が瞬間的に引き伸ばされ、炎症が起こりやすくなるからです。

予防のためには足底部の柔軟性をキープすることが大切です。腓腹筋《ひふくきん》のストレッチをあわせて行うと効果的です。

④に効く！　足底筋膜のストレッチ

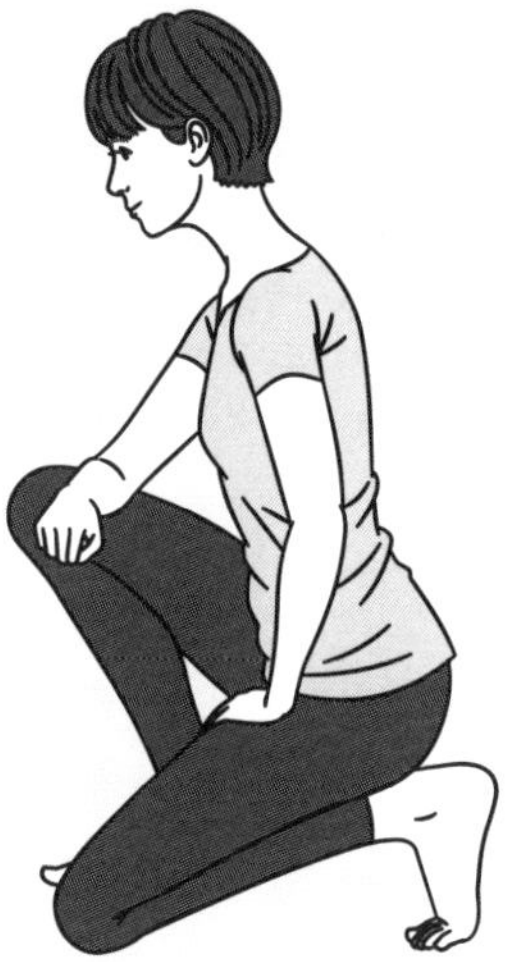

① 正座の姿勢から片方の膝を立てます。

② 床に膝がついている側の脚を立て、指を床につけます。

③ 両手は脚にのせてバランスをとります。

④ かかとの上にお尻をのせ、少しずつ体重をかけていき、30秒キープします。反対側も同様に行いましょう。

④に効く！　腓腹筋《ひふくきん》のストレッチ

① 両手で椅子の座面を持ち、両足を床につけます。

② 片方の足を浮かせます。

③ 反対足のかかとを床につけたまま、ゆっくりと膝を伸ばしていきます。30秒キープ。逆側も同様に行いましょう。

Episode 3

第3章

効果が何倍にもなる
ストレッチと筋トレで
ミドランBODYへ

脂肪燃焼効果がアップする!
ランニング前の筋力トレーニング

この章ではランニングの前後におすすめしたいストレッチと筋トレの方法をくわしく解説していきます。みなさんの目的や体の状態にあわせて選択して取り入れてみてください。

筋トレを行うと成長ホルモンの分泌が促されます。成長ホルモンは脂肪細胞の分解を促進すると考えられています。また、脂肪分解の役割を担うリパーゼという酵素を活性化させる働きのある、ノルアドレナリンの分泌も促進されるといわれています。

つまりランニング前に筋トレを行うと、より効率よく脂肪燃焼を目指せるというわけです。ここで紹介する3つの筋トレは、お尻や太ももなどの大きな筋肉を刺激するもので、そのぶん成長ホルモンの分泌はより盛んになります。

また、お尻や太ももの筋力がアップすれば、股関節や膝関節の安定につながり、ケガの予防や走力の向上も期待できます。

空気椅子

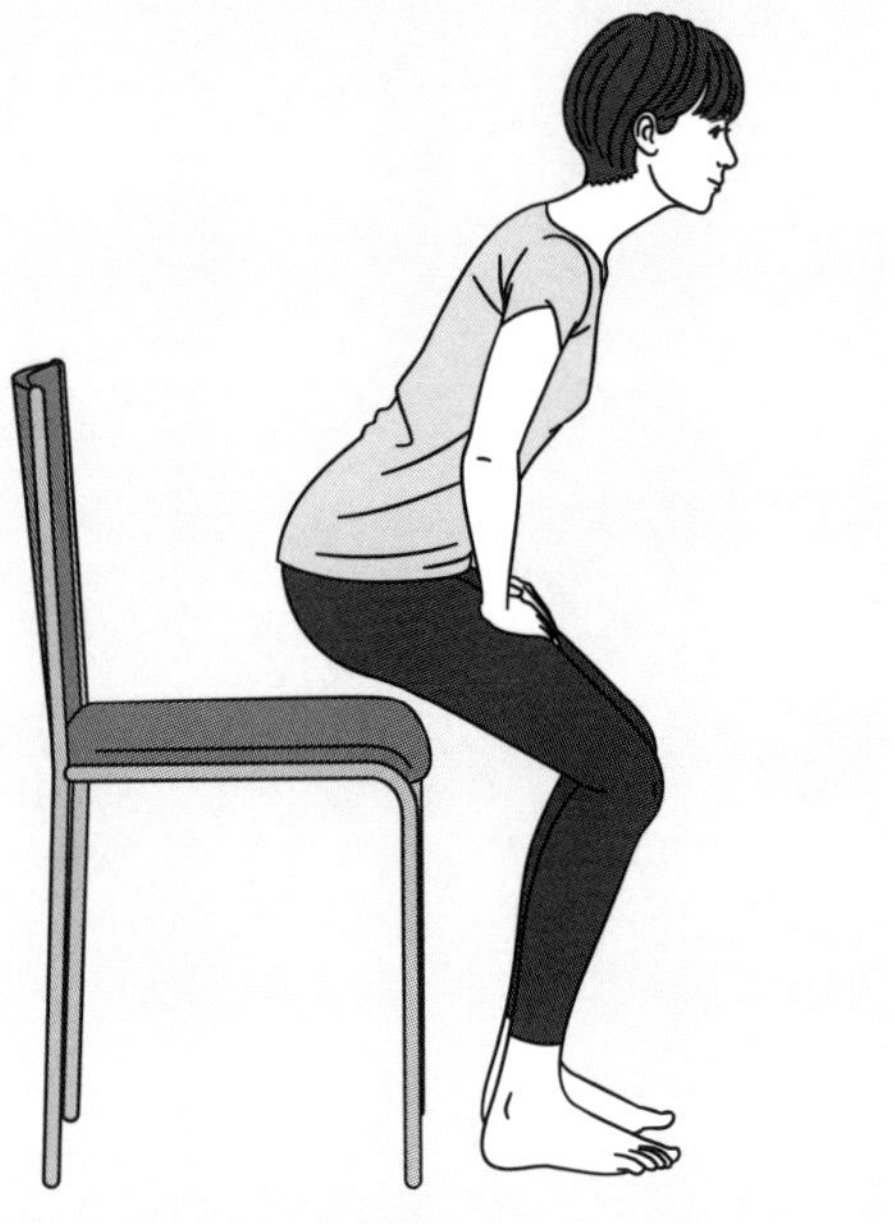

① 椅子を用意して、前に立ちます。

② 両手を太ももにおいてバランスをとりながら、ゆっくりと腰を下ろしていきます。

③ お尻が座面につく少し手前で止め、お尻を突き出すようにして、静止します。

④ 呼吸をしながら30秒キープします。

⑤ 2セット行います。

スモウスクワット

① 足幅を腰幅よりも少し大きく開き、つま先を外側に向けて立ちます。

② 腕を前方に伸ばして、胸の高さで手を合わせます。腕は床と平行にし、肘を伸ばします。

③ 肩甲骨を寄せながら両手を広げるのに合わせて、腰を下ろします。

④ 十分にお尻が下がったところで戻ります。

⑤ 20回×2セット行います。

フロントランジ

① 両足を腰幅に開いて立ち、両手を背中の後ろで組みます。

② 片方の脚を大きく前に踏み出し、腰を下ろします。前に出した脚の太ももが床と平行になり、膝の角度が90度程度になるようにします。後ろ側の脚の膝が床とギリギリになる高さまで沈み込みます。

③ 前に踏み込んだ脚のハムストリングス（太ももの裏側の筋肉）とお尻の筋肉を使って元に戻ります。

④ 交互に20回×2セット行います。

動的ストレッチでウォーミングアップ！デスクワーク後の体も快適に

　ウォーミングアップの目的は、心臓、筋肉、関節の準備をすることです。心拍数を上げて、激しい運動に備えること。筋肉への血流を増やし、筋肉の温度を上げ、筋肉の動きをスムーズにすること。関節の潤滑油である滑液の分泌を促して、関節の動きを滑らかにすること。これらを意識しながら、体を動かしていきましょう。

　ミドルエイジランナーが走るためのウォーミングアップとしては、ウォーキングやジョギングでも十分ですが、**長時間のデスクワークで肩甲骨まわり、股関節まわりが硬くなっている人は、ここで紹介する動的ストレッチをすることで、より心地よく走ることができるでしょう。**

ニーアップ

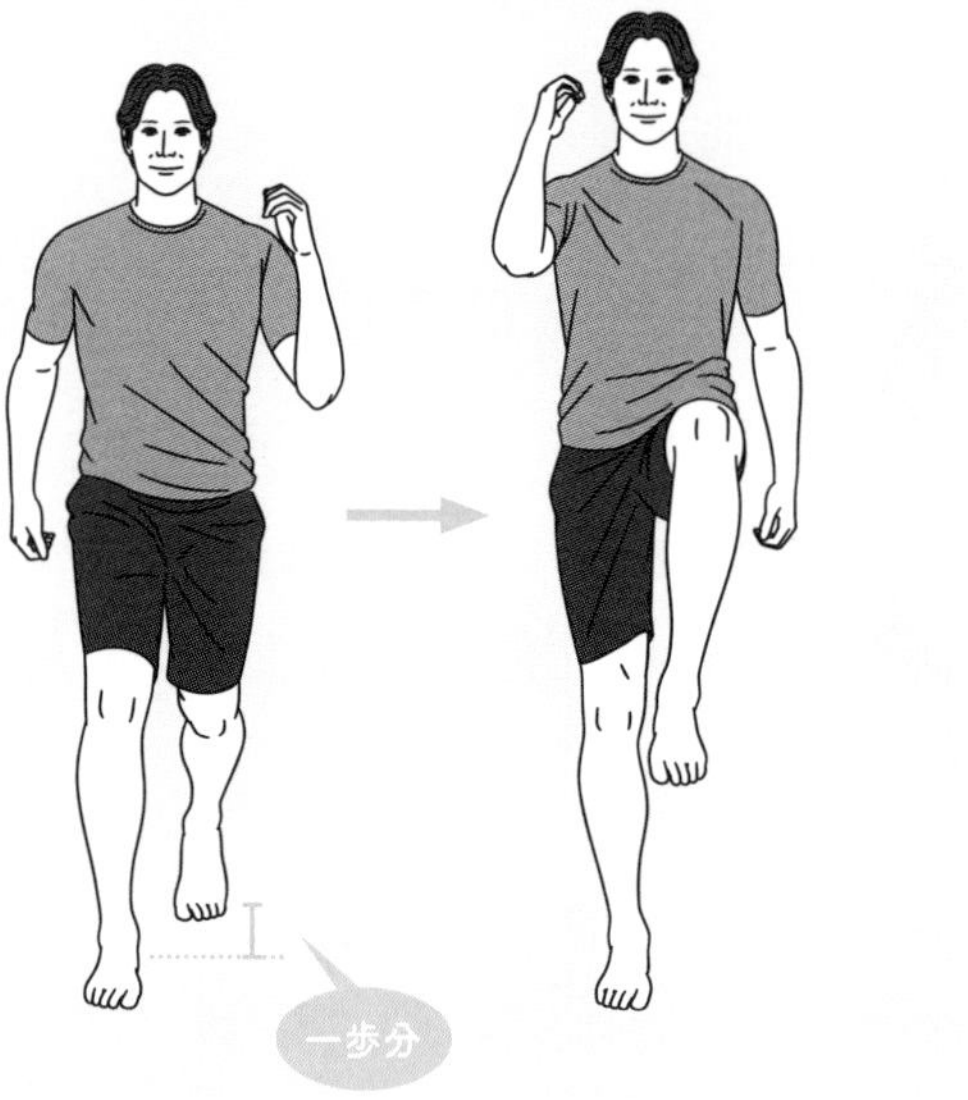

① 両足を腰幅に開いて立ちます。

② 片方の脚を一歩分後ろに下げ、下げた足と同じ側の腕を前に出します。

③ 後ろに下げた足のつま先で地面を蹴って、膝を前に出します。膝を前に出すのに合わせて、反対側の腕を前に出します。

④ 膝が十分に高く上がったら、脚をもとの位置の後ろに戻します。

⑤ リズミカルに20回繰り返し、反対側も同様に行います。

股関節回し

① 両足を腰幅に開いて立ちます。

② 片方の脚を一歩分後ろに下げます。

③ 後ろに引いた脚の膝を外側に向けて、横に脚を持ち上げます。

④ 太ももが地面と平行になる程度まで持ち上げたら、太ももの高さを維持しながら、膝を前方へ。

⑤ 脚をもとの位置の後ろに戻します。

⑥ 小さなハードルを越えるようなイメージで、リズミカルに20回繰り返し、反対側も同様に行います。バランスがとりづらい場合は、壁などに手をついて行いましょう。

肩甲骨回し

① 両足を肩幅程度に開いて立ち、腕を下方に伸ばして体の前で手を合わせます。脇をしめて、肘は伸ばしてください。

② 手を合わせたまま両手を頭の上まで持ち上げます。

③ 頂点で手のひらを外側に向けます。

④ 肘を曲げながら肩甲骨を寄せ、腕を下ろします。腕を下ろした際に、肘が背中の後ろにいくようにしましょう。

⑤ 4秒で一周するくらいのスピードで20回行います。

ランニング後の静的ストレッチ厳選11
ケガを防ぎ、リカバリーも促してくれる

ランニング後の静的ストレッチは、ミドルエイジランナーがケガなく楽しく走り続けるためには欠かせないものです。

一定時間同じ姿勢を保って、静止した状態で筋肉を伸ばす運動、それが静的ストレッチです。

ランニングなどの運動後の筋肉は、興奮状態が続いて縮んだままになっていることが多く、疲労物質も蓄積しています。

縮んで疲労物質がたまった状態の筋肉をケアせずに放置しておくと、疲労回復が遅れ、筋肉のコリやハリにもつながり、柔軟性が低下してしまいます。

ただでさえリカバリー力が低下しているミドルエイジランナーがケアを怠れば、疲労が蓄積していく一方で、ケガのリスクも大きくなってしまいます。

ランニング後の静的ストレッチを習慣にして、長くランニングを楽しみましょう。

1 大腿四頭筋《だいたいしとうきん》のストレッチ

大腿四頭筋は、太ももの前側にある大きな筋肉群で、外《がい》側広筋《そくこうきん》、内側広筋《ないそくこうきん》、中間広筋《ちゅうかんこうきん》、大腿直筋《だいたいちょっきん》という4つの筋肉の総称です。脚を前に振り出す動作や、地面からの反発を膝の屈伸で吸収する際などに使われます。

① あぐらをかいた姿勢から。片方の脚を崩して、同じ側の手で足の甲をつかみます。

② もう一方の手は床についてバランスをとります。

③ つかんだ足をお尻のほうに引きつつ、一方で腰を押し出し上体を床についた手の方向にひねります。視線も上体をひねった方向に向けます。

④ 30秒キープ。2~3セット繰り返し、反対側も同様に行います。

2 腸腰筋《ちょうようきん》のストレッチ

腸腰筋は脚を持ち上げるときに使われる筋肉です。走力が向上し、スピードが上がれば、関与する割合が大きくなっていきます。また、腰椎と大腿骨をつなぐ腸腰筋は、上半身と下半身の連動という重要な役割を果たしています。加齢とともに硬くなりやすく、ケア不足のランナーが多い部位でもあります。

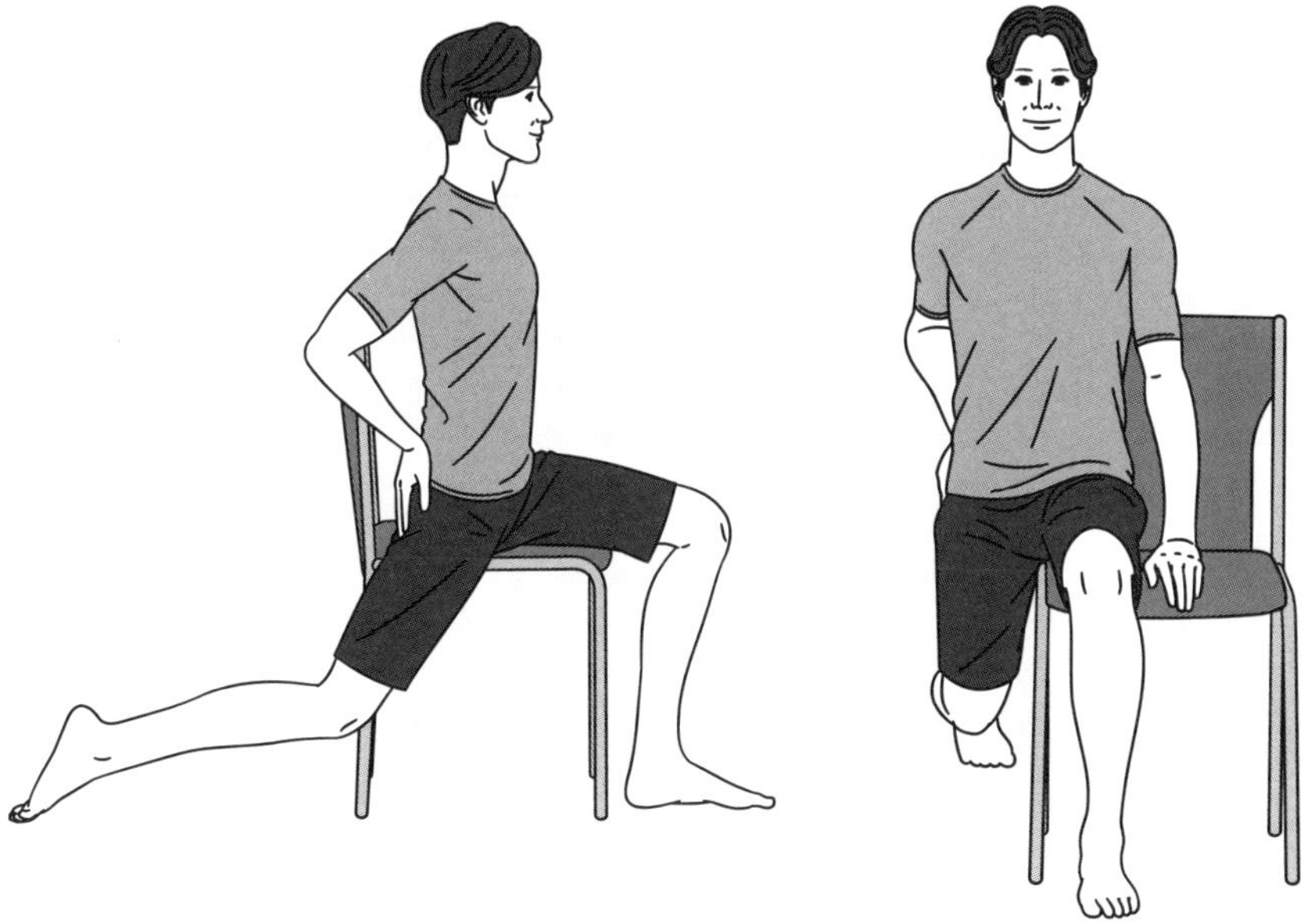

1. 椅子を用意します。
2. 片方のお尻だけ座面にのせ、反対側の脚は大きく後ろに伸ばします。座面にお尻をのせた側の手で座面をつかんでバランスをとります。
3. 後方に脚を伸ばした側の手で臀部（お尻のあたり）を押し出すようにしながら、太ももの付け根あたりを伸ばします。
4. 30秒キープ。2～3セット繰り返し、反対側も同様に行います。

3 大臀筋《だいでんきん》のストレッチ

大臀筋は、主に太ももを後ろに振る動き（股関節の伸展）をする際に働き、股関節の動きにも関係しています。また骨盤を支えて、いい姿勢を保つのにも大臀筋の力が欠かせません。多くのランナーが常に疲労感を感じている部位でもあります。

① クッションを用意します（タオルを重ねても可）。

② あぐらをかいて、一方の脚を少し前に出して、脛をクッションの上にのせます。両手は床についてバランスをとります。

③ 背すじを伸ばし、腰から首までを真っすぐに保ったまま、体を前に倒します。

④ 脚をクッションにのせた側のお尻に伸び感を感じたところで30秒キープ。2~3セット繰り返し、反対側も同様に行います。

4 中臀筋《ちゅうでんきん》のストレッチ

お尻の筋肉の一部である中臀筋は、片足立ちになってバランスをとるときに骨盤を支えています。片足ジャンプの繰り返し動作であるランニングでは、骨盤のブレをおさえるのに非常に重要な筋肉です。疲労が溜まりやすい部位でもあるので、入念にケアをしましょう。

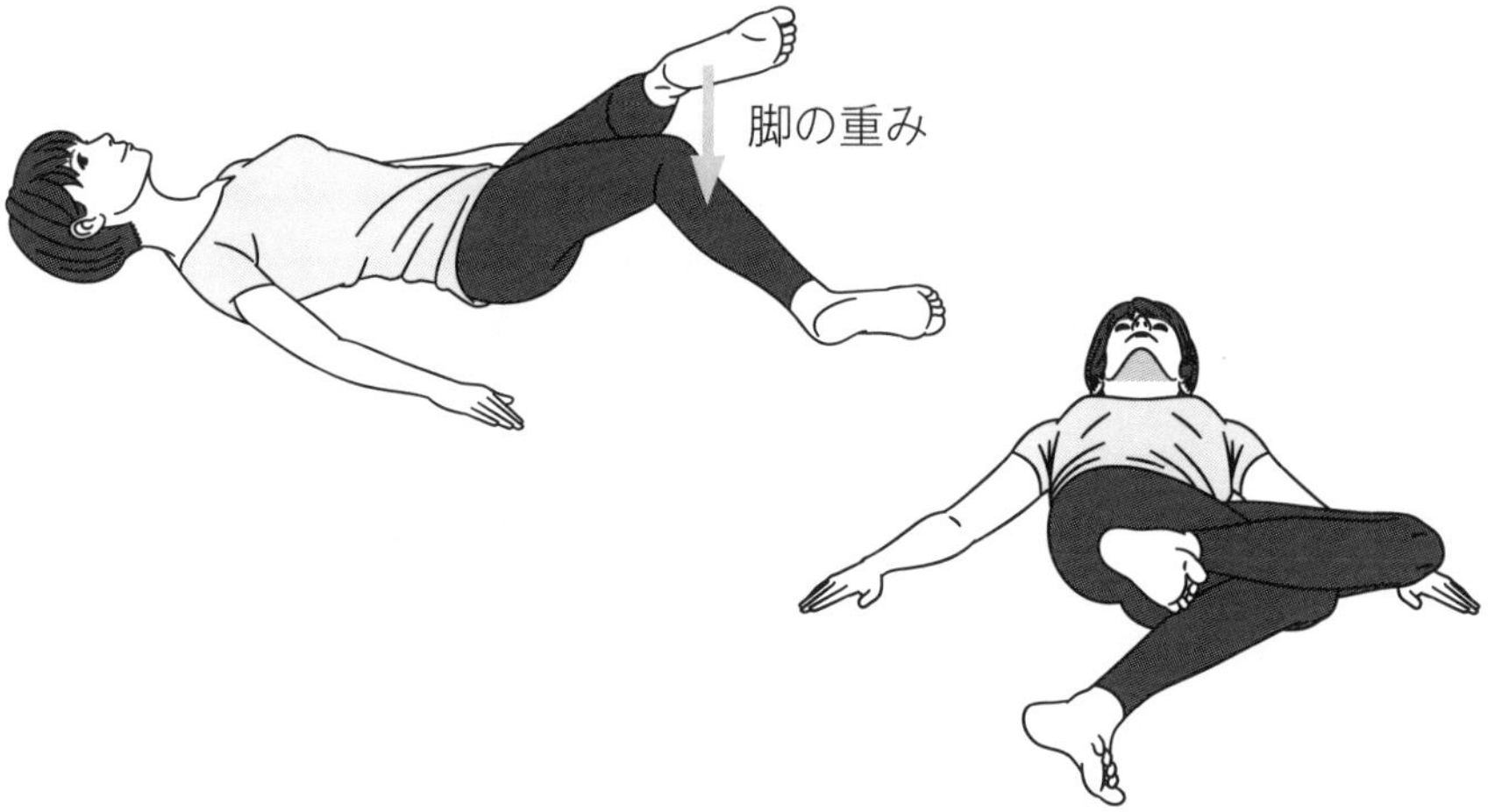

① 仰向けに寝て、両膝を立てます。

② 片方の脚を、反対側の脚に深くかけます。両腕を左右に広げてバランスをとります。

③ 上にかけた脚の重さを使い、膝を倒していきます。このとき、肩が床から離れないように注意しましょう。

④ 30秒キープ。2~3セット繰り返し、反対側も同様に行います。

5 股《こ》関《かん》節《せつ》外《がい》旋《せん》六《ろく》筋《きん》のストレッチ

股関節外旋六筋は股関節まわりの細かい6つの筋肉の総称で、股関節を外側に回す運動に関与しています。特に路面が不安定なところでランニングをすると、負担がかかりやすい部位です。日常的にストレッチをすることの少ない部位ですが、トレイルを走る機会があるランナーは特に入念にケアしておくべきです。この筋肉が硬くなると坐骨神経痛の原因になります。

① あぐらをかいた姿勢から片方の膝を立てます。

② 膝を立てた脚で、もう一方の脚をまたぎ、膝の外側に足を置きます。

③ 立てた膝を反対側の腕で抱きかかえ、その脚の側の臀部（お尻）に向かって上体をひねります。膝と胸の距離を縮めるのがポイントです。

④ 30秒キープ。2～3セット繰り返し、反対側も同様に行います。

6 内転筋群《ないてんきんぐん》のストレッチ

太ももの内側にある筋肉を内転筋群と呼びます。内転筋群の主な役割は、股関節の内側に回す動作。両膝をつけて真っ直ぐに立つ、歩くときにガニ股にならないようにする、などに働きます。また、歩くときや走るときの脚のスイング動作の補助、骨盤、股関節の安定にも欠かせない筋肉群です。

1. 椅子を用意して、浅く腰をかけます。
2. 一方の脚を伸ばしつつ、股関節から脚を開きます。
3. 伸ばした側の足裏の側面を床につけたまま、体を曲げた脚の方向にひねっていきます。両手は曲げた脚の太ももにのせてバランスをとります。
4. 伸ばした脚の太もも内側に伸び感を感じたところで30秒キープ。2～3セット繰り返し、反対側も同様に行います。

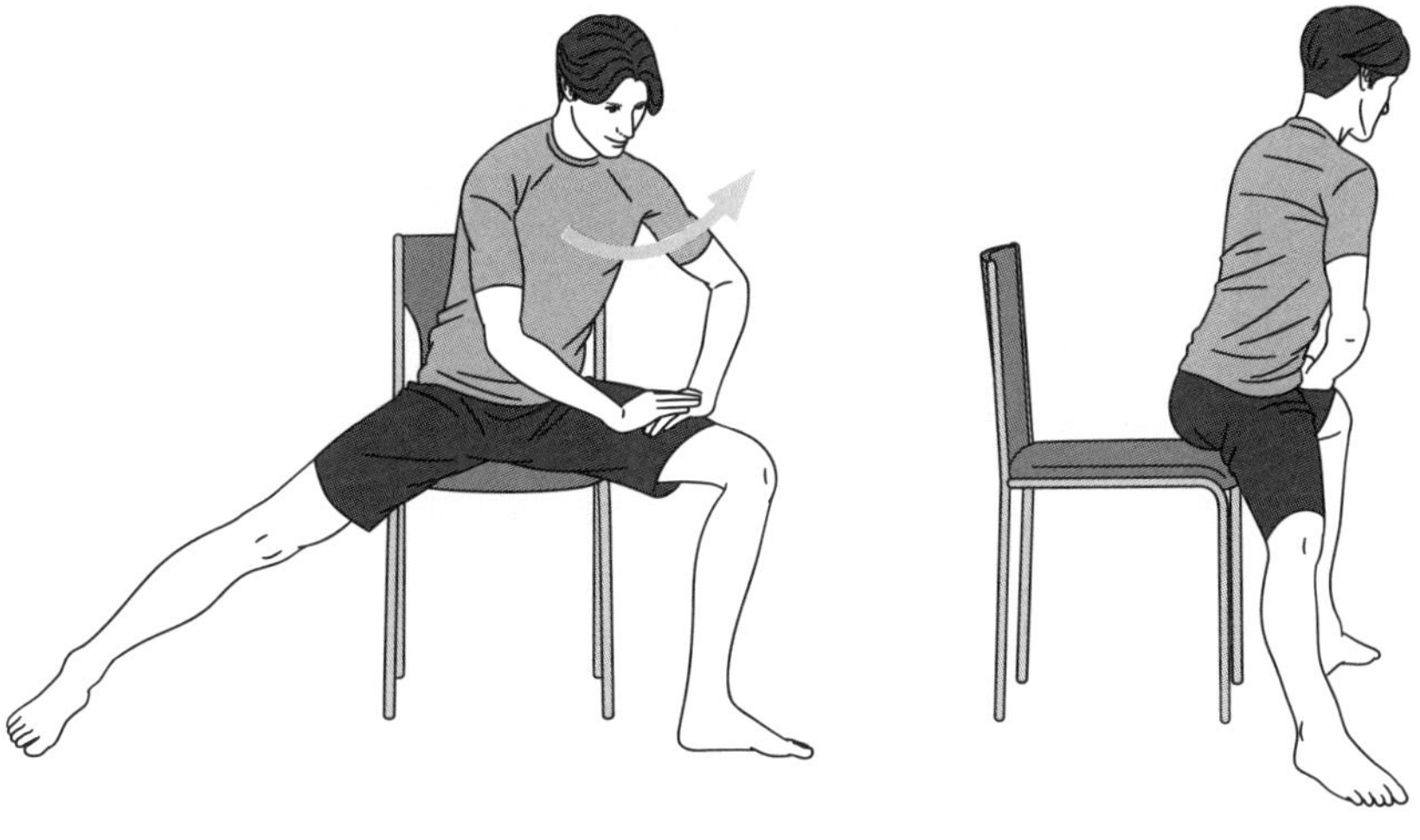

7 ハムストリングスのストレッチ

股関節外旋六筋は股関節まわりの細かい6つの筋肉の総称で、股関節を外側に回す運動に関与しています。特に路面が不安定なところでランニングをすると、負担がかかりやすい部位です。日常的にストレッチをすることの少ない部位ですが、トレイルを走る機会があるランナーは特に入念にケアしておくべきです。この筋肉が硬くなると坐骨神経痛の原因になります。

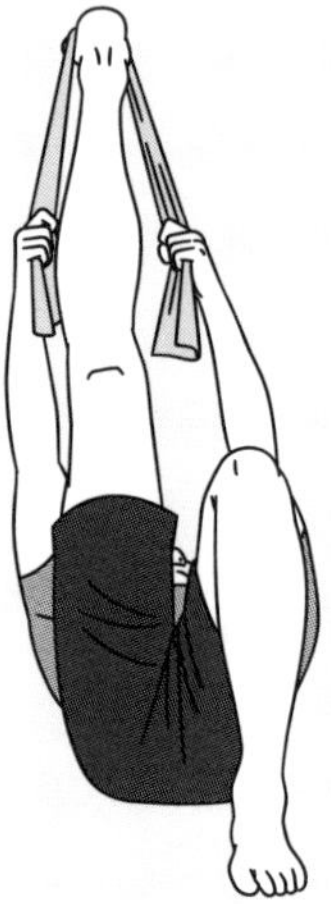

① タオルを用意します。

② 仰向けに寝て、片方の足の裏にタオルをかけます。

③ タオルの両端を両手で持ち、脚を持ち上げます。

④ タオルを使って脚を頭側に引きつけます。膝を伸ばし切らないのがポイントです。

⑤ 30秒キープ。2〜3セット繰り返し、反対側も同様に行います。

下腿三頭筋《かたいさんとうきん》のストレッチ

下腿三頭筋とも呼ばれるふくらはぎの筋肉は、腓腹筋とヒラメ筋で構成されています。主に足先を下方に振る際に働き、膝を曲げる動作にも関係しています。ウォーキングやランニング中は、地面を蹴る動作をする際に活躍する筋肉です。質の高いケアのためには、腓腹筋とヒラメ筋の静的ストレッチは別々に行う必要があります。

9 ヒラメ筋

1. 階段やブロック、束ねた雑誌など10センチほどの段差を用意します。
2. 片方の足先を段差の上にのせ、かかとを床につけたまま、体を少し前に倒します。膝は伸ばしたままにしましょう。
3. 30秒キープ。2〜3セット繰り返し、反対側も同様に行います。

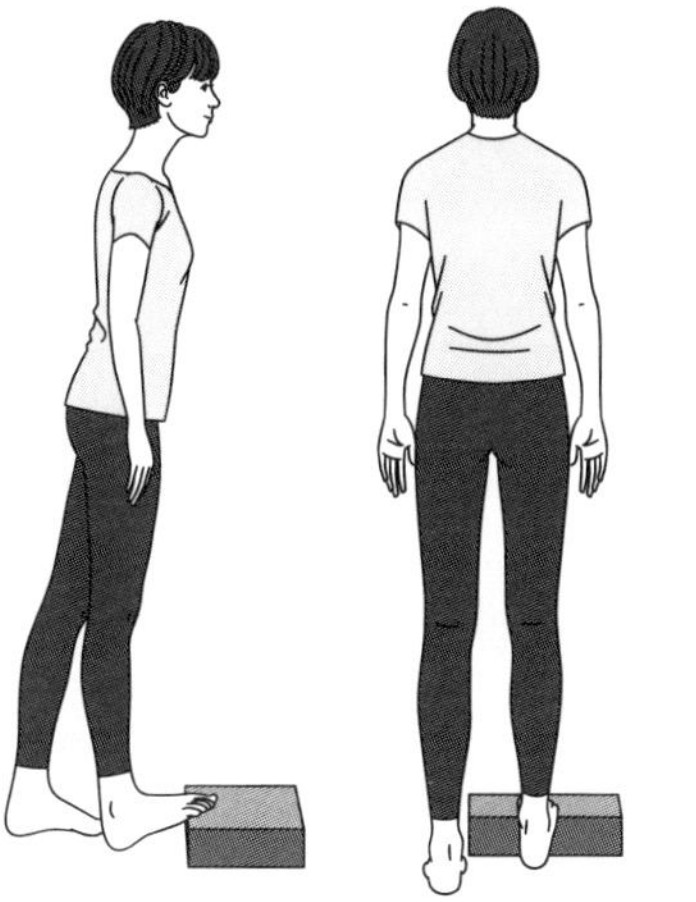

8 腓腹筋《ひふくきん》

1. 両足を腰幅に開いて壁の前に立ちます。
2. 片足を大きく後ろに下げ、両手を壁についてバランスをとります。
3. 下げた足のかかとは床につけたまま、両手で壁を押すようにして体を前傾させながら、ふくらはぎを伸ばします。
4. 30秒キープ。2〜3セット繰り返し、反対側も同様に行います。

10 前《ぜん》脛《けい》骨《こつ》筋《きん》のストレッチ

脛の外側に位置する前脛骨筋。主につま先を持ち上げる動作をする際に働き、ランニング中に地面からのインパクトを吸収する役割を果たします。オーバーユースやケア不足が原因で、脛の痛みにつながることもあります。ランニング後にはしっかりとケアをしておきましょう。

① 正座をします。

② 片方の膝を同じ側の手でつかんで軽く持ち上げます。反対側の手は床についてバランスをとりましょう。

③ 30秒キープ。2～3セット繰り返し、反対側も同様に行います。

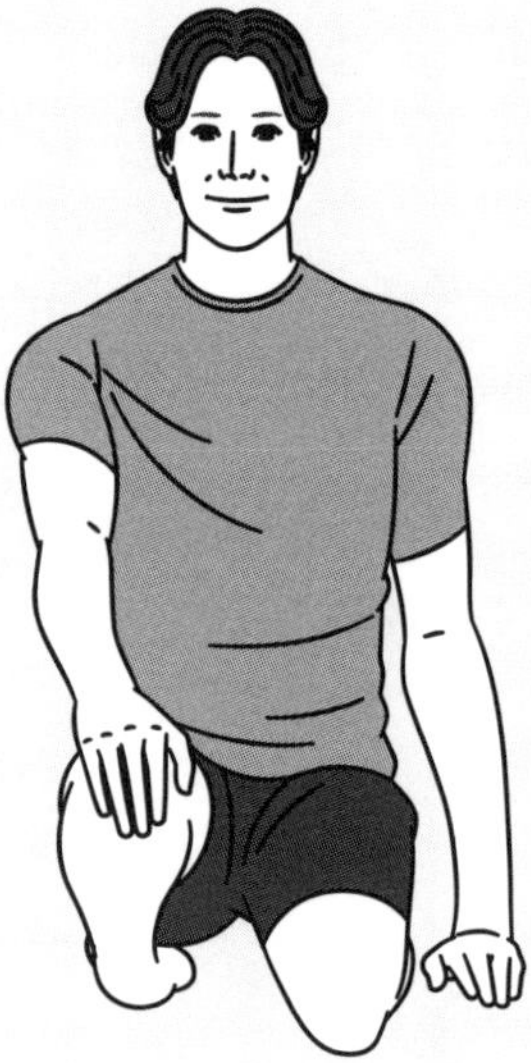

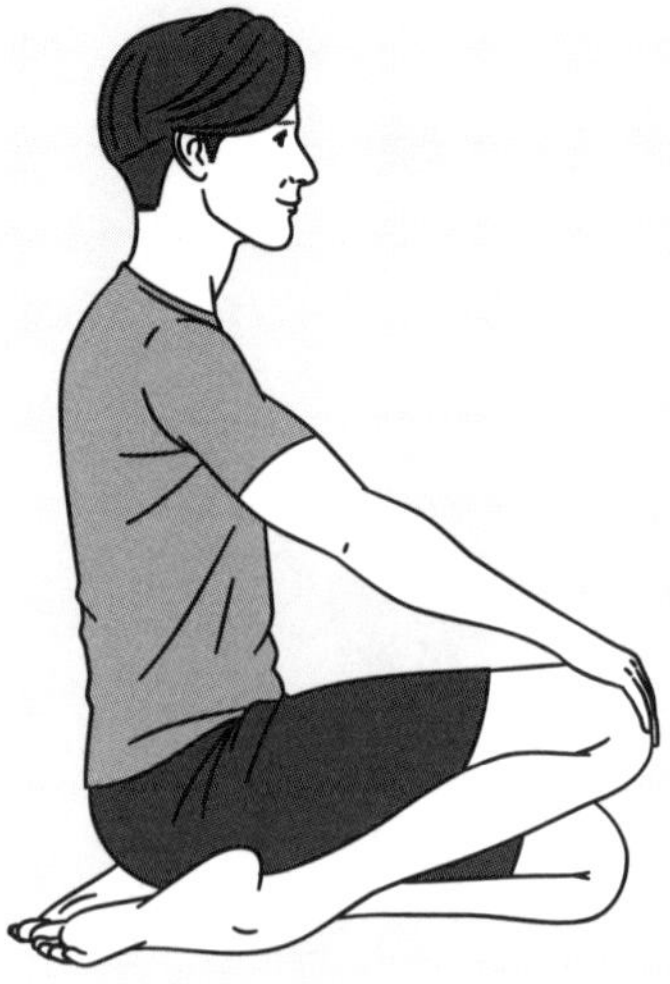

11 足底筋のストレッチ

足裏には、足の外側を結ぶ外側縦アーチ、親指の付け根からかかとを結ぶ内側縦アーチ（土踏まず）、親指の付け根と小指の付け根を結ぶ横アーチという3つのアーチがあります。3つのアーチはランニング中、地面に足が接して荷重が加わった際に衝撃を緩和・吸収するクッションの役割を果たします。足底部の筋肉が柔軟性を失うと、アーチの維持が難しくなります。

1. 正座をします。
2. 足首を曲げて、足の指を床につけます。
3. かかとにお尻をのせて、少しずつ体重をかけていきます。
4. 30秒キープ。2〜3セット繰り返します。

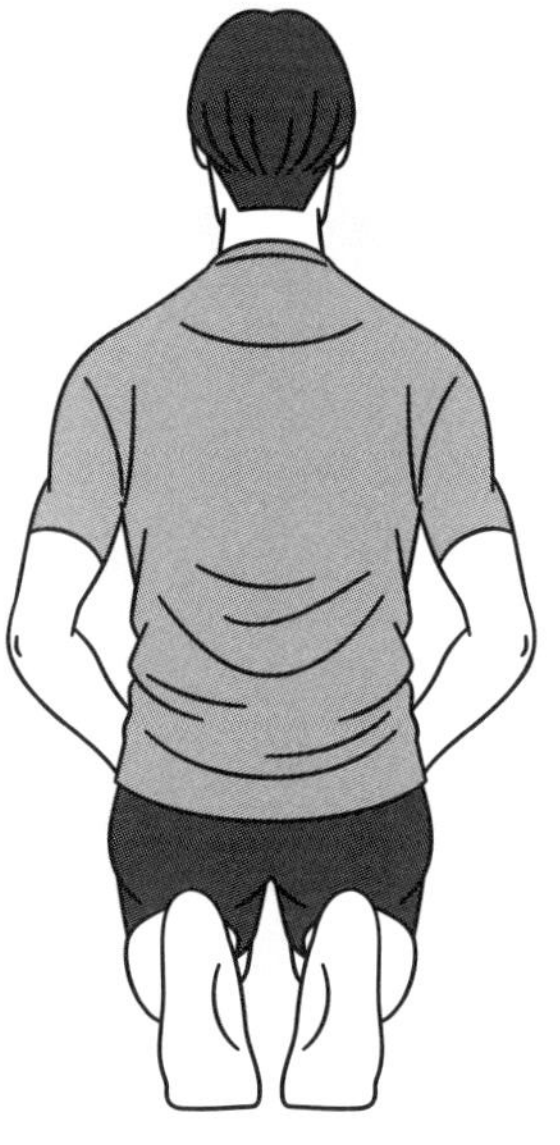

Episode 4

第4章

体温と水分をコントロール
脱水症&尿もれとサヨナラ

POINT

「暑い」「寒い」から体を守って季節を楽しむランニングを

熱中症対策としてするべきこと

ミドルエイジの人たちは、自分が子どものころと比べて夏が暑くなっていると感じているのではないでしょうか。近年は、猛暑日といわれる日が増え、夏場は気温が35度を超える日も珍しくありません。

季節の移り変わりを肌で感じることができるのも、屋外でのランニングの楽しみではありますが、快適かつ、健康的にランニングを楽しむには、暑さ・寒さ対策をしっかりしておくことも重要です。特に熱中症や脱水症は危険なので十分に対策を行ってください。

まずは夏場の熱中症対策について書きたいと思います。熱中症とは、体内の水分や電解質の減少、血流がとどこおるなどして、体温調節がうまくいかず、高体温となり、さまざまな臓器にトラブルが生じて発症する健康障害の総称です。

熱中症は、熱失神、熱痙攣《けいれん》、熱疲労、熱射病の4つに分類されています。体温の上昇にともなう放熱のために、血圧が低下し脳への血流が減少することで発生するのが熱失神。めまいや立ちくらみ、顔の異常なほてり、顔面蒼白といった症状が出て、場合によっては気を失ってしまうことがあります。

発汗量が急激に増えると、体内の水分と電解質が一気に失われます。このときに、水分ばかりを補給していると、血液中のナトリウム濃度が低下します。その結果、筋肉の痙攣や手足のしびれが起こるのが熱痙攣です。

熱疲労とは、発汗による脱水と皮膚血管の拡張による循環不全が起きている状態。脱力感、倦怠感、めまい、頭痛、吐き気といった症状がみられます。

熱疲労が進行して、体温が過度に上昇、中枢機能に異常をきたした状態が熱射病です。呼びかけや刺激への反応が鈍い、言葉が不明瞭といった症状が表われ、さらに進行すると、昏睡状態に陥ることがあり、死の危険性があります。

ウォーキングやランニングをしている際、少しでも熱中症が疑われる症状が出たら、すぐに涼しい場所に移動し、十分な水分と電解質を補給、氷や冷水を使って体を冷やすといった処置をとってください。**「少しの立ちくらみなら大丈夫だろう」などとあまくみてはいけません。**

人間の体には、体温が上がったときに、発汗や皮膚温度の上昇によって熱を逃すといった機能が備わっています。過度な暑さによって、その機能がうまく働かなくなると熱中症を引き起こすのですが、環境、体のコンディション、行動に気を配ることで、熱中症のリスクを減らすことが可能です。

まずはなにより、あまりにも高温多湿な日は日中のランニングを避けることがいちばんです。環境省から熱中症警戒アラートが出ている日や、暑さ指数が高い日は、日が沈んでから走るといった心がけをするだけでも、熱中症のリスクは小さくなるはずです。

暑さ指数は、気温、湿度、日射・輻射《ふくしゃ》（地面からの照り返しなど）熱を計測して算出されます。熱中症を予防することを目的として、１９５４年にアメリカで提案された指標です。暑さ指数31以上（※参考：気温35度以上）は運動は原則中止。暑さ指数28～31（※参考：気温31～35度）だと厳重警戒で、激しい運動や持久走は避けるべきとされています。

暑い日は無理して走らないこともミドルエイジランナーにとっては大切です。どうしても走りたい場合は、ジムのトレッドミルなど涼しい場所を利用しましょう。

自身のコンディションに気を配ることも、熱中症を避けるうえで重要です。寝不足や疲労、肥満、過度な減量は熱中症のリスクを高めるといわれています。学生時代は少々の寝不足でも運動をしていたという人は特に無理をしがちなので、注意してください。

また、体が暑さに慣れていないと、熱中症のリスクは高くなります。**暑くなり始める初夏、湿度が上がる梅雨入りのタイミング、一気に気温が高まる梅雨明けといった季節の変わり目は特に気をつける必要があります。**暑さに体を慣らすために、実際に気温が上がり、熱中症の危険が高まる前に、運動で汗をかくことが大切です。運動習慣がなかった人、不定期だった人が、気温が高い時期にウォーキングやランニングを始めようとする際は、しばらくは体を暑さに慣らすつもりでいてください。

こまめな水分・電解質の摂取、適度な休憩に加えて、ランニング中のウェア選びも熱中症対策のカギになります。

通気性に優れた熱のこもりにくいウェアを選ぶ、帽子を被る、冷却タオルを首に巻くといったことをするだけでも熱中症のリスクをおさえることができます。かつてほどではないものの、いまだにダイエットのためと厚着をしたり、サウナスーツのようなものを着て走っている人を見かけます。

発汗量と脂肪燃焼効果は比例するものではありませんし、汗を多量にかいて体重が減るのは体の水分量が減っただけです。**夏場に厚着でランニングをするのは熱中症や脱水症のリスクを高めるだけなので、やめてください。**

ウォーキングやランニングの途中で休憩をとり、体を冷やすのも熱中症対策として有効です。首や脇などを冷却するのもいいですが、**おすすめは手のひらを冷やすこと**です。

手のひらにはAVA（Arteriovenous Anastomoses：動静脈吻合《ふんごう》）と呼ばれる血管が通っています。AVAは、体温調節を行う血管で、動脈と静脈をバイパスのように結んでいます。体温が上昇するとAVAが拡張し、熱が逃げやすい末端に血液を運びます。反対に体温が下がってくると、ＡＶＡは収縮して末端への血流を減らし、熱が逃げるのを防ぎます。

外気温が高いと、運動をしているときに体温が上がってくるとＡＶＡが拡張します。このとき、手のひらを冷やすと効率よく熱を逃がして体温を下げられるというわけです。首や脇よりもＡＶＡがある手足を冷やした方が、効率的に体温が下がるという研究報告もあります。

手のひらを冷やす際は、冷たすぎるものを使わないように気をつけてください。冷刺激が強すぎると、ＡＶＡが収縮してしまうからです。血管収縮することなく、効率よく体温を下げるには、12～15度の温度が最適とされています。

水を入れたバケツに手を入れる、水を入れて冷やしておいたペットボトルを握るぐらいが適切です。最近は、ＡＶＡに注目して作られた、手にひらを冷やすための冷剤なども販売されているので、活用してみてください。

脱水症と水分補給のカンケイ

脱水症とは、大量の発汗、発熱や下痢などによって体液が失われ、体内に必要な量の水分と電解質がない状態を指します。

大量に発汗した際、喉に渇きを感じたときには、すでに脱水状態にある可能性が高いので、ランニング中は水分と電解質のこまめな摂取が必要です。水だけを摂取していると、体液の濃度が薄くなり低張性脱水を引き起こしやすくなります。スポーツドリンクや経口補水液のよう

熱中症予防には“手を冷やす”がおすすめ

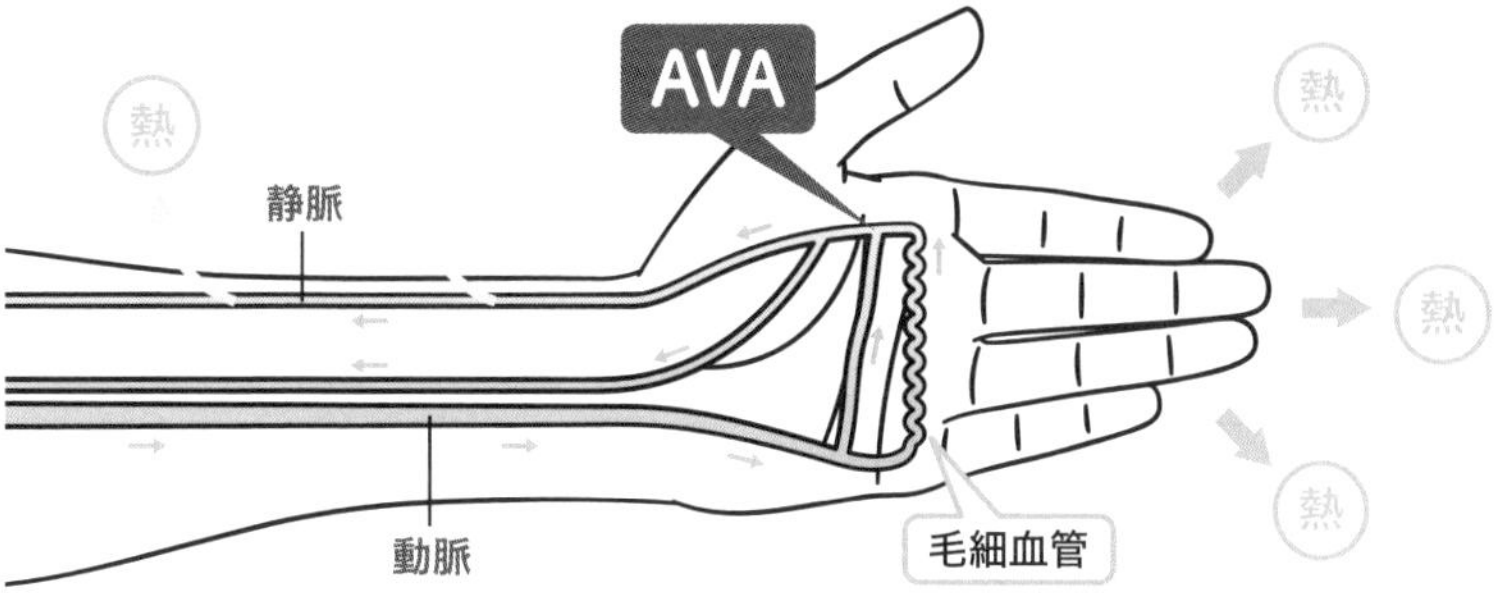

AVAは動脈と静脈を結ぶバイパスのような血管

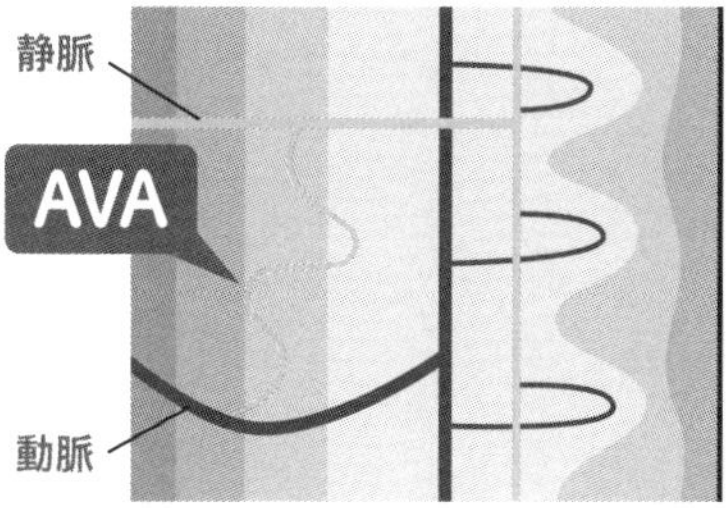

AVAが開くと、冷やされた血液が体内に流れ込む！

なバランスのとれた電解質が入った水分を補給する、塩アメをなめるといった工夫を心がけてください。

ランニング時の水分補給についての目安ですが、**走りだす前にコップ1～2杯分（150～300ミリ）程度は補給しておきましょう。**

必要量は、気温や湿度、運動量、発汗量によっても異なり、個人差があるものなので一概にはいえませんが、15分に一度は水分補給をするのが理想です。また、いくら水分を補給しても体が吸収できなければ意味がありません。**一度に大量に摂取するのではなく、こまめに少しずつの水分補給**を心がけましょう。

運動後30分以内に尿が出ない、または尿の量が少ない、尿の色が濃い（黄色～茶色）といった場合は、運動前・運動中の水分補給が足りてないといえます。また、運動前後の体重差が3%以上ある場合も水分補給が不足しているとされています。運動後に明るい色の尿（透明～極薄い黄色）が十分に出ていれば、水分が足りているといえるでしょう。

一般成人は体重の約70%程度が水分ですが、高齢者になると50%にまで減少します。ミドルエイジの人も高齢者ほどではないものの、若いころと比べれば体内の水分量が減っているのは確かです。加齢とともに水分補給はより重要になっていくことを覚えておきましょう。

また、脱水症は夏だけに起こるものではありません。寒い季節は発汗があるにもかかわらず、寒さを理由に水分補給を減らしてしまいがちです。季節を問わず、汗をかけば水分を補給する必要があることを肝に銘じておいてください。

寒い日は体の中心部を温める

人間の体は自律神経の働きによって、常に37度前後の体温に保たれています。気温が氷点下になるような環境でも体温を保っていられるのは、自分自身で熱を生み出し、体温が一定になるようにコントロールしているからです。

体温を維持するための熱を生み出すのに、最も貢献しているのが筋肉です。体内の熱生産の6割を担っているので、筋肉量が多い人は熱を生み出す力が高いといえます。

また、じっとしているよりも体を動かしたほうが暖かくなるのは、体を動かすことで熱が生まれるからです。

人間の体は中心部にいくほど温度が高く安定しています。手足などの末端や皮膚などの表面よりも体の中心部が優先されるのは、脳や心臓など生命維持に不可欠な臓器の働きを保つためで、中心部の安定した温度は中核温と呼ばれています。

中核温を保つには、多くの血液が必要になります。女性には子宮がある分、温めるべき部位が多いため、外気温が下がるとより中心部に血液が集中し、手足の先まで血液が届きにくくなります。

男性よりも女性のほうが冷えを感じやすい傾向があるのはそのためです。

体内部の温度分布

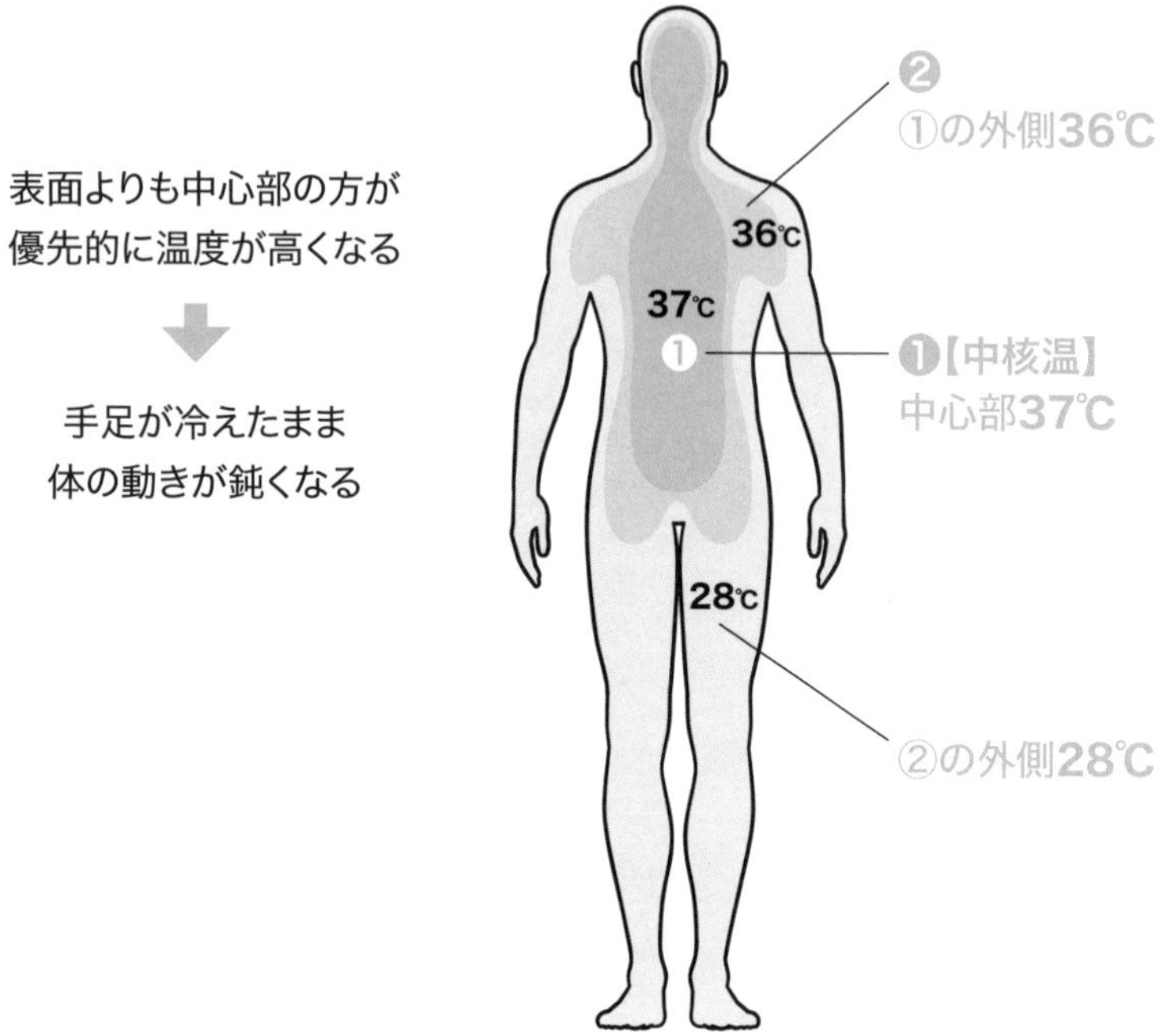

寒い季節にランニングをする際、中核温が十分に維持できなければいつまでたっても手足が冷えたままということになります。体の末端のほうは血流が悪いので、当然、体の動きも鈍くなります。中核温の維持に気をつかい、冬のランニングを快適なものにしましょう。

体の中心部を温めるのに有効なのは、ダウンベストや腹巻き。薄手のものなら、体の動きを妨げることはありませんし、ランニング中に熱がこもりすぎる心配もありません。頭部を温かく保つにはニット帽が効果的です。ダウンベストとニット帽を身につけるだけで、かなり快適さが増すはずです。

手足が冷えるからといって、**靴下や手袋を二枚重ねにする人がいますが、寒さ対策としてはあまり有効ではありません。**場合によっては血流を妨げることになり、逆効果となってしまいます。カイロを使って温める場合も同様です。温かいものに触れていたいからか、ついつい手に持ったままになりがちですが、**中核温を上げるために上着のポケットに入れておいたほうが寒さ対策としてはベター**です。

寒い日は、いつも以上にウォーミングアップをしっかりと行うことも大切です。体が温まりにくいなと感じたら、ジョギングの時間を長くする、p76～77で紹介している動的ストレッチを多めに行うといった工夫をしてみてください。

冬場の屋外でのランニングは低体温症になる可能性が少なからずあります。しっかりと冬用のウェアを着ていれば基本的には問題ありませんが、気温が低いことに加えて雨や雪が降っているとき、風が強いとき、マラソン大会などに出場するとき（薄着になることが多く、少々寒さを感じていても無理をしがちなため）は注意が必要です。

たとえば雨や雪が降っているときは、頭部を冷やさないように防水性のある帽子を被る、濡れたウェアは速やかに着替えるといったことを心がけましょう。

体温調節を行うのは自律神経です。ミドルエイジランナーの場合は、暑さ対策、寒さ対策として、自律神経のバランスを崩さないことが重要でしょう。寝不足やストレスは自律神経のバランスを崩す原因になるので、注意してください。

POINT

特に女性ランナーは要注意！尿もれに効くトレーニング

尿もれはトレーニングで防げる

身に覚えがある人もいるかもしれませんが、年をとると排泄をうまくコントロールできなくなるケースが増えてきます。

尿もれは高齢者だけに起こるものではありません。花王が行った調査では、40代だと男性の22・6％、女性の30・1％、50代だと男性の25・7％、女性の37・9％が尿もれの症状があると回答しています。尿もれとまではいかなくても、小便をした際にキレが悪くなった、残尿感があるといったことを経験している人も多いのではないでしょうか。

男性の場合は、加齢とともに排尿後に残尿感がある、夜中にトイレに行きたくなって目を覚ます、尿が途中で途切れる、我慢できない、お腹に力を入れないと排尿できない、といった症状が出てきます。

一方、女性の場合は、咳やくしゃみをしたとき、大笑いしたとき、走ったりジャンプをしたとき、

意識・実態調査「尿もれがありますか？」

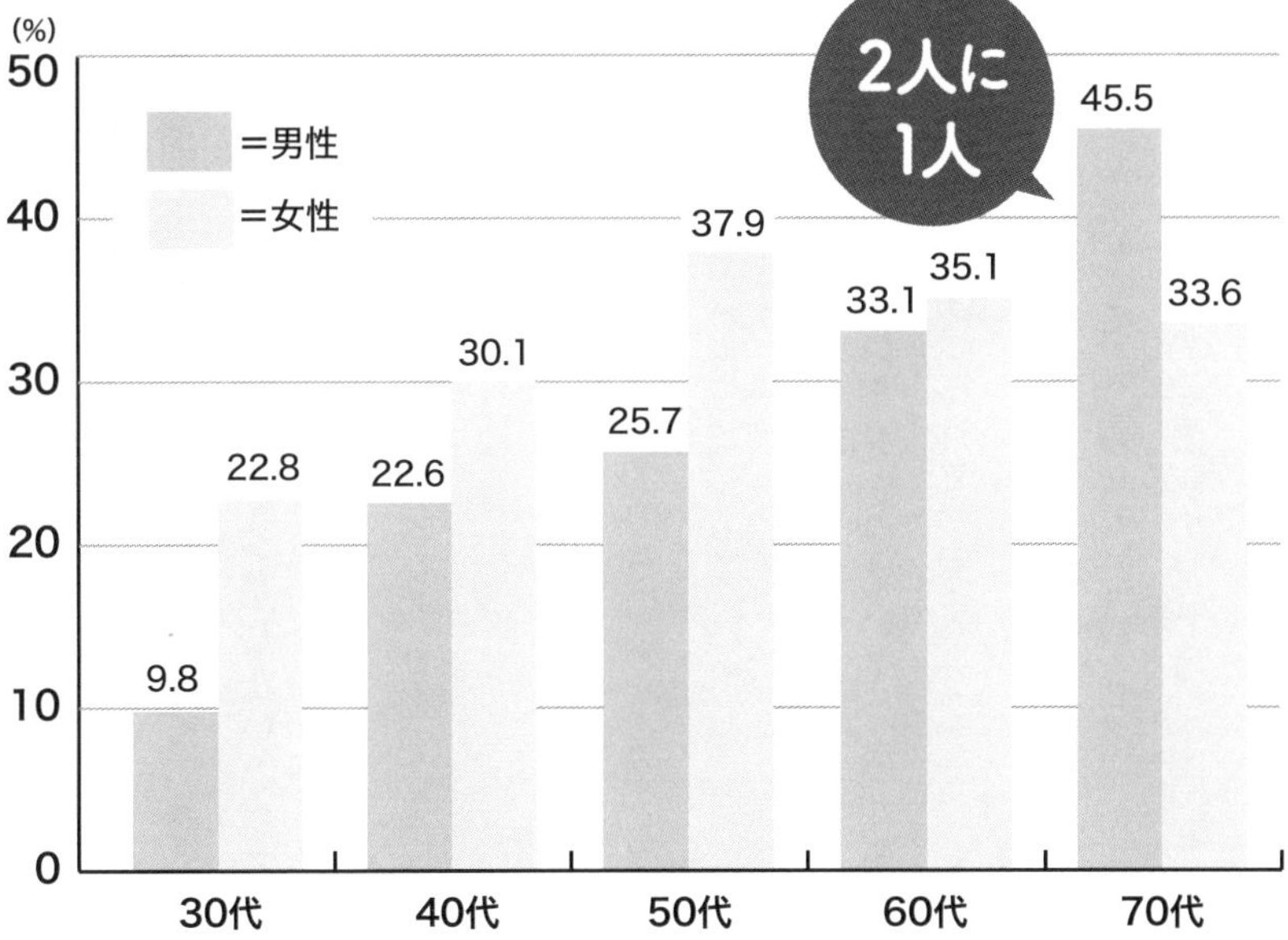

2017年　30〜79歳　花王調べ　男性：N＝614　女性：N＝642
https://www.kao.com/jp/corporate/news/rd/2018/20180626-001/

重い物を持ち上げたとき、坂道や階段を上り下りしたとき、腹部に力を入れたときなどに尿もれが見られるようになります。

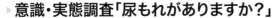

女性のほうが尿もれに悩まされることが多い理由は、男女の体の構造の違いにあります。まず、男性のほうが女性よりも尿道が長くカーブしているため比較的もれにくくなっています。一方、女性の尿道は短く、直線的に下を向いているため、お腹に力を入れるだけでもれてしまったり、我慢するのが難しいことがあります。

女性は膀胱《ぼうこう》の上に子宮があり、子宮のすぐそばに直腸があります。便秘になり直腸内に便がたまると膀胱を圧迫し、尿もれの原因になるのです。**尿もれを恐れて、水分摂取を控えてしまうと、さらに便秘が悪化してしまうので注意が必要**です。

体の構造上、尿もれを起こしやすく、ランニングが尿もれを引き起こす原因にもなる女性ランナーは、便秘をなんとか予防したいところ。便秘予防には、日々の食事で食物繊維をしっかりとることが大切です。穀類、イモ類、大豆製品、野菜、海藻、キノコ類には食物繊維が多く含まれているので、便秘になりがちという人は、積極的に食べるようにしましょう。

尿もれには、内臓や神経の疾患が要因のものもありますが、排泄に関わる筋肉のおとろえも原因の一つです。疾患由来のものを予防するのは難しい部分もありますが、筋肉のおとろえについてはトレーニングによってある程度は避けることができます。

体内で尿をためておく場所である膀胱は、５００ミリほどの水をためられる袋のようなものです。膀胱の出口は下を向いていて、尿がもれ出さないように、膀胱括約筋と尿道括約筋という2つの筋肉で閉じられています。

膀胱がいっぱいになると、脳からの指令で尿意をもよおし、膀胱括約筋と尿道括約筋が緩んで排尿するという仕組みになっています。

ちなみに便がたまる直腸のほうは、出口となる肛門を内肛門括約筋、外肛門括約筋という2つの筋肉によって閉じられています。

男性と女性体の構造のちがい

男性

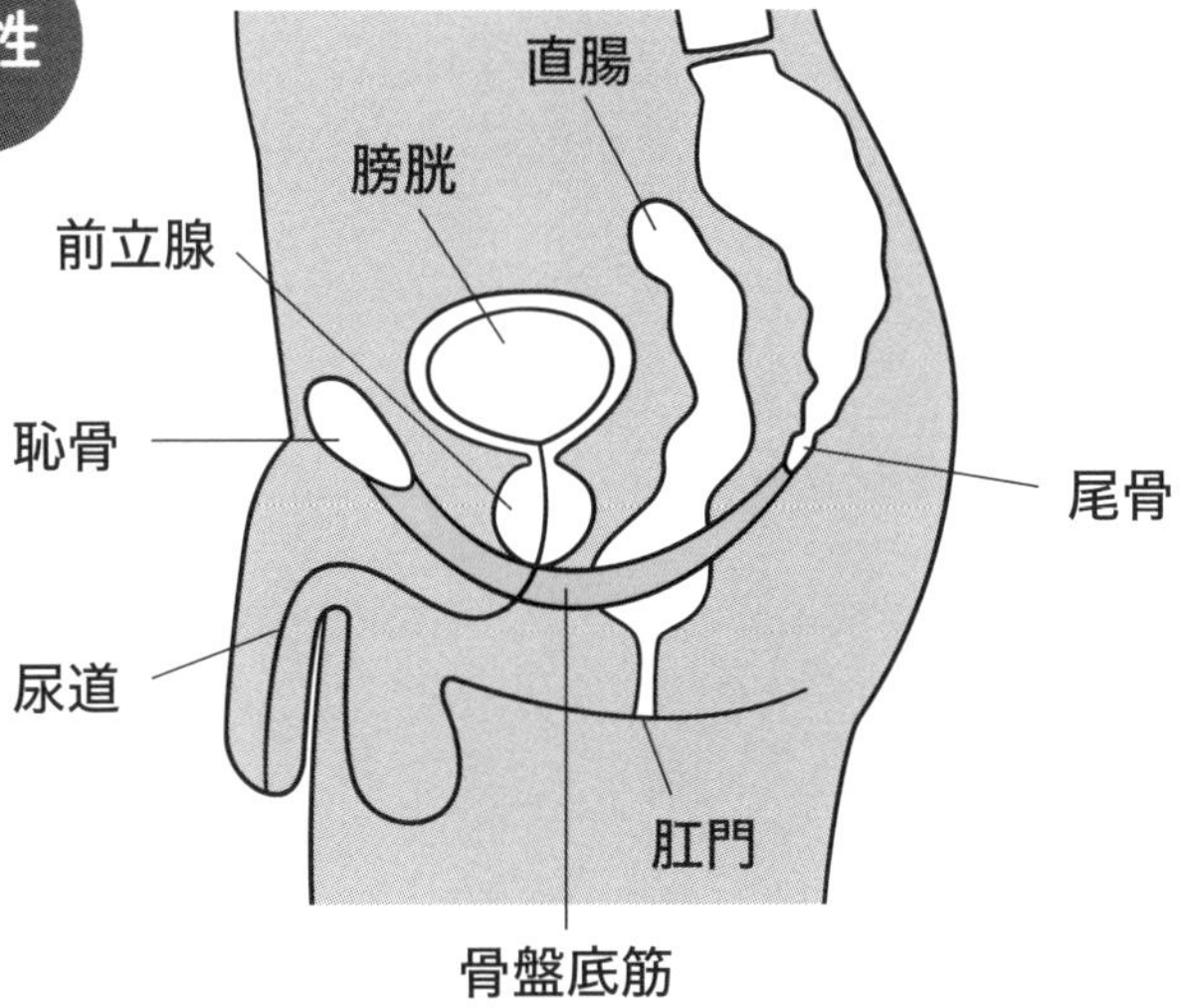

女性

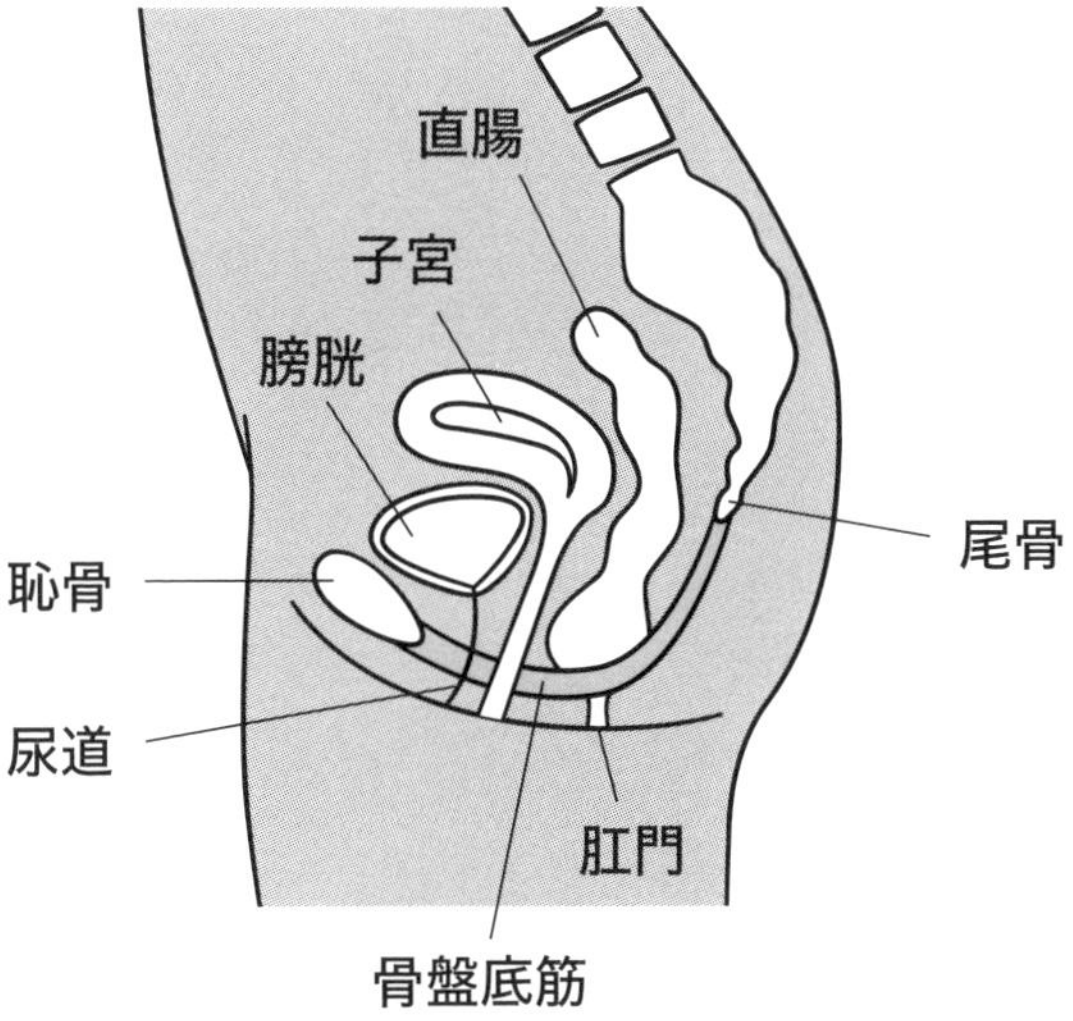

今あげた4つの筋肉は、自分の意志で動かせる随意筋と、自律神経などによって支配され、自分の意志とは無関係に動く不随意筋に分けられ、尿道括約筋と外肛門括約筋は随意筋になります。**自分の意志によって働かせられるほうの筋肉なので、トレーニングで鍛えることが可能**です。

つまり、膀胱を閉じる働きをしている筋肉の一つである尿道括約筋と、肛門を閉じる働きをしている筋肉の一つである外肛門括約筋は鍛えることができ、尿もれ・便もれの予防につながるということです。

尿道括約筋と外肛門括約筋は、骨盤底筋群と呼ばれる筋肉の一部です。

骨盤は、膀胱や直腸（女性の場合は子宮も含む）などの内臓を入れた器のようなもの。骨盤底筋群は骨盤の底部についていて、骨盤内の臓器をハンモックのような状態で支えています。

骨盤底筋群のおとろえによる尿もれ・便もれは、腹圧性失禁と呼ばれています。腹圧は、咳やくしゃみをしたとき、急に立ち上がったとき、重い荷物を持ち上げたときのほか、ランニングをしたときにも高まります。

骨盤底筋群がおとろえていると、腹圧が高まった際に、そのプレッシャーに負けて尿もれ・便もれを起こすことがあるのです。

ミドルエイジになると、どうしても骨盤底筋群がおとろえてくるもの。おとろえを自覚したら、放置しないことが大切です。

尿もれに効く！ 骨盤底筋群のトレーニング

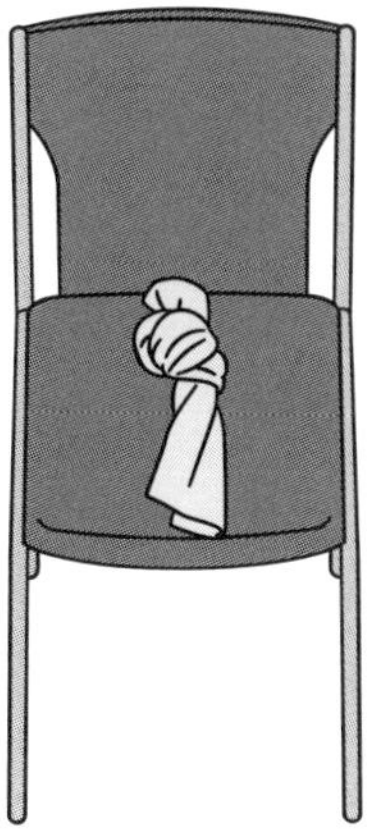

①タオルと椅子を用意します。

②片結びしたタオルを椅子の座面に置きます。

③結び目が肛門にあたるように座ります。

④最初は痛みが強く出やすいので30秒程度座り続けるところから始めます。

⑤慣れてきたらタオルの上に座った状態で体を左右に揺すります。徐々に時間を延ばしていき、最終的には5分続けられることを目指します。

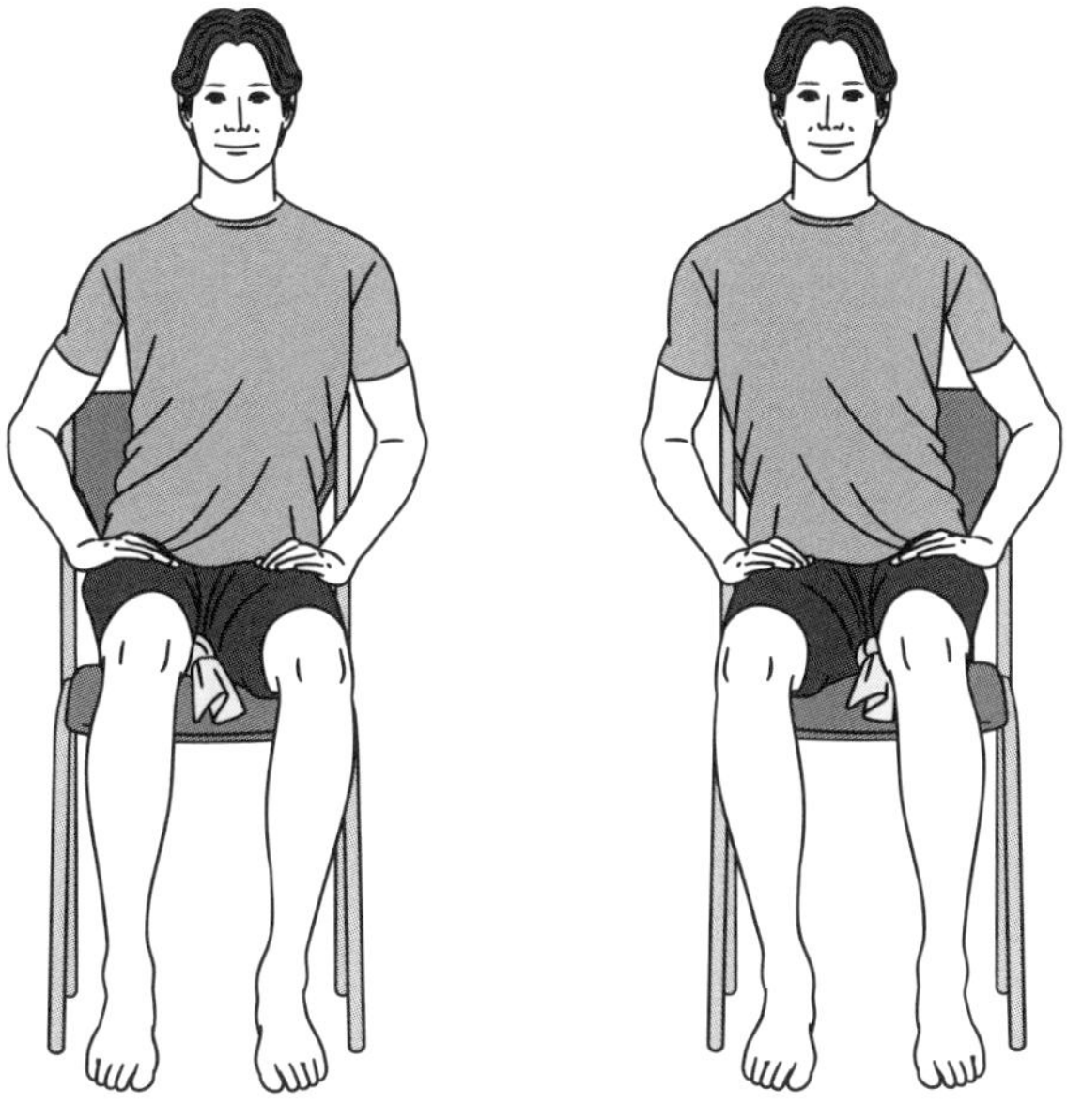

加齢とともにますますおとろえてしまうので、高齢になった段階で苦労することになります。骨盤底筋群のトレーニングを習慣化して、尿もれを怖がらずにランニングが楽しめる体をつくっていきましょう。

Episode 5

第5章

脳と体のアンチエイジング 走って老いをはねかえす

POINT

心地よいペースのランニングは脳に効く

すぐできる認知症予防

長く健康でいたい、介護に頼らずいつまでも自立した生活を送りたい。そんな思いがときおり頭をよぎることがあるのではないでしょうか。

おそらく親族に認知症を患っている人がいるというケースも珍しくないでしょう。

厚生労働省の調査によれば、２０１２年時点では65歳以上の高齢者の約７人に１人が認知症を患っていましたが、この割合は年々高まり、２０２５年には65歳以上の高齢者の約５人に１人、２０６０年にはなんと約３人に１人が認知症患者になると予想されています。遠くない将来に高齢者になるミドルエイジにとっては人ごとではありません。

認知症とは、生後に正常に発達した認知機能（記憶力、言語能力、判断力、計算力、遂行力）が後天的な脳の障害によって減衰、消失することで、日常生活や社会生活に支障をきたすようになった状態を指します。

また、認知症ではないものの、年齢相応よりも認知機能が低下した状態は軽度認知障害と呼ばれています。認知機能に多少の問題が生じているものの、日常生活には問題のないレベルが、軽度認知障害にあたります。

軽度認知障害を放置すると認知症へと進行する可能性が高いのですが、症状が軽度であれば努力次第で年齢相応に戻るとされています。

「認知症予防のために脳を鍛えましょう」。もしドクターにそう言われたとしたら、あなたはどんなことを思い浮かべるでしょうか。

多くの人が真っ先に頭に浮かぶのは〝脳トレ〟だと思います。簡単な計算や音読などをすると、脳で認知を担っている部分が活性化されるとわかったことで、脳トレがブームになり、さまざまなゲームや関連本が刊行されているのをご存じの方も多いでしょう。クロスワードパズルや数独なども頭の体操として根強い人気があります。

動かさないと筋肉が減って体力が落ちるのと同様に、脳も使わないと能力が落ちて認知機能が低下する面があると思いますので、計算やパズルで脳を刺激するのはいいことでしょう。しかし、**認知症予防を考えるのであれば、運動のほうが効果的**だといえます。

認知症といっても、実はいくつか種類があります。代表的なのは、アルツハイマー型認知症、脳血管性認知症、レビー小体型認知症、前頭側頭型認知症の4種類。日本で最も多いのはアルツハイマー型認知症で、65％以上を占めています。

運動習慣の有無と、アルツハイマー型認知症を発症する危険度を調べた研究報告があります。それによると、**まったく運動をしない人の危険度を1とすると、ウォーキング程度の強度の運動を週3回以上やっている人のリスクは、半分の0・5程度になるとのこと。**それよりも遅い散歩程度の強度の運動を週3回以上やっている人でも、発症リスクは30％ほど減るようです。

継続的にランニングをしていれば、アルツハイマー型認知症を予防できるといえるでしょう。

脳血管性認知症は、脳梗塞や脳出血といった脳の血管の障害によって生じます。脳の血管に障害を引き起こすのは、高血圧や糖尿病といった生活習慣病です。

みなさんご存じのとおり、生活習慣病を予防するには、継続的な運動と、栄養バランスのとれた食生活がカギになります。つまり、**ランニングは脳血管性認知症の予防につながる**ということです。日本における脳血管性認知症の割合は20％程度、アルツハイマー型認知症と合わせるとおよそ85％となります。

この数字を見ただけでも、ランニングへの意欲がわいてくるのではないでしょうか。

心地よいペースが脳に効く

東北大学加齢医学研究所などの研究で、４週間の筋トレと有酸素運動を組み合わせたサーキットトレーニングで、認知機能が向上したという報告があります。60歳以上の男女を対象にしたもので、筋トレと有酸素運動を交互に30秒間隔で繰り返すサーキットトレーニングを一回30分、週に3回行ったグループは、認知機能に改善がみられたということでした。

では、どうして運動が脳に効くのでしょうか。それには、BDNF（脳由来神経栄養因子）という物質が関係しています。

BDNFとは、脳が作り出すタンパク質で、神経細胞の発生、成長、維持、再生などの機能に関与しています。BDNFの濃度が特に高いのは、大脳で記憶や空間認識をつかさどるとされる海馬と呼ばれる部分です。

マウスを使った実験では、BDNFの発生量が低いと学習能力が下がることもわかっており、人間でも、うつ病患者や重度のアルツハイマー型認知症患者では、海馬のBDNFの量が低下しています。

BDNFは脳の活動をサポートする重要な役割を担っていますが、加齢とともに減少していく傾向があり、特に65歳以上になるとその減少率が高くなるといわれています。

一方で、有酸素運動や筋トレを継続していると、BDNFの分泌が促進されることがわかっています。長期間にわたる有酸素運動により、海馬の神経細胞が増えたという研究報告があります。

かつては、脳の神経細胞は一度死ぬと復活しないと考えられていましたが、現在ではBDNFなどの働きで新生することがわかっているのです。

また、海馬自体も加齢とともに縮小する傾向（年に1％程度）があるのですが、有酸素運動を継続することで、縮小が進行しなかっただけでなく、2％以上大きくなったという研究報告もあります。これにもBDNFが関わっていると考えられています。

脳の機能維持に不可欠なBDNFを産生するには、どの程度の運動が必要なのでしょうか。うれしいことに、BDNFを産生するための運動は、高強度である必要もなければ驚くほど長時間動き続ける必要もありません。

週に3回程度で、1週間に150分程度ウォーキングやランニングをすると、BDNFによるプラスの効果が得られるといわれています。逆に強度が高すぎる（心拍数が上がりすぎる）と、筋肉に血流が奪われるため、BDNF産生効率は低下します。**心地よいペースで、楽しく走ることが脳にはいい**ということです。

体のバランスをとるための筋肉の無意識の動きをコントロールしているのが、小脳と呼ばれる部分です。歩くときや走るとき、バランスボールの上に座ったときなどに、転倒しないでいられるのは小脳の機能によるものです。

心地よいと感じられるスピードでのランニングやウォーキングは、BDNFの効率を高め、小脳を刺激し続けることになります。高齢になっても脳の機能を維持し続けたいのであれば、積極的にランニングやウォーキングをするべきなのです。

ミドルエイジランナーには、**椅子がわりにバランスボールを活用するのもおすすめ**です。バランスボールに座ると、体は不安定な状態になるので、バランスを保とうとして小脳を中心

**心地よいペースで
楽しく走ると
脳の機能が
維持できる！**

に脳が活性化し、脳への血流が促されます。さらに、姿勢を保つために上半身、体幹、下半身の筋肉が総動員されます。普段の生活ではあまり使わない体の深い部分にあるインナーマッスルもよく使われます。

継続的にバランスボールを活用していると、バランスをとる能力や体幹の安定性が向上します。いい姿勢、いいランニングフォームをとりやすくなり膝や腰への負担も当然小さくなり、ケガもしにくくなるでしょう。

POINT

ミドルエイジが気になる生活習慣病を予防できるワケ

食後のランニングが糖尿病に効く

老化は足腰からといわれることもありますが、ランニングをすること、走れる体を維持することは、さまざまな疾患を予防し、長く健康でいるためにはとても効果があります。

まずはじめに日本人の国民病ともいわれる糖尿病。

2020年に発表された「国民健康・栄養調査」によれば、成人男性はおよそ5人に1人、成人女性はおよそ10人に1人が、糖尿病の可能性が高いとのこと。また、高齢になればなるほどその割合が増えていきます。

糖尿病は、インスリンというホルモンの不足や作用が低下することで、血糖値の上昇をおさえる働きが低下してしまい、血糖値の高い状態が慢性的に続く疾患です。多くの場合、ひどくなるまで自覚症状がないのが怖いところ。血糖値が少し高い程度では、痛くも痒くもないのです。

それゆえ、健康診断で糖尿病予備軍という診断を受けても放置してしまうケースが少なくないようです。糖尿病が進行すると動脈硬化、心筋梗塞、脳梗塞を引き起こす要因にもなるので、あまくみてはいけません。

糖尿病には大きく分けて1型と2型の二種類があります。

1型は自己免疫疾患などが原因で膵臓のインスリン分泌細胞が壊れてしまうもの。2型は血糖値が高くなりやすい体質に過食、運動不足、肥満、ストレス、加齢などが加わり、インスリンの分泌量低下や作用低下が起こって発症するもの。ランニングで予防することができるのは、遺伝的な要因に、過食や運動不足などの生活習慣が重なることで発症する2型糖尿病のケースです。

食事で摂取した糖質は消化器官で消化、吸収されてブドウ糖となり、血液中に流入します。血糖値が上昇すると、膵臓からインスリンが分泌され、このインスリンの働きによって、ブドウ糖が肝臓や筋肉、脂肪に取り込まれ、血糖値が低下（正常化）します。ところが過食や運動不足、ストレスは、このインスリンの働きを鈍くしてしまうといわれています。

血糖値をどこに送り込むかはインスリンがコントロールしているので、「肝臓に送る量を増やす」、「脂肪にたくさん届ける」といった指令を自分で出すことはできません。しかし、**ランニングやウォーキングをすることで、筋肉に送るブドウ糖の量を増やすことは可能です。**

血糖の約75％は筋肉で消費されます。ランニングやウォーキングでよく使う太もも周辺の筋肉は大半が糖を多く消費するといわれています。**それゆえ、血糖値が最も高くなるとされる食事の60〜90分後にランニングやウォーキングをすることは、糖尿病予防にとても有効なのです。**

毎食後に20分のウォーキングをすると上昇した血糖値を下げられることに加え、毎日継続すると積み重ねの効果によって、食後だけでなく普段の血糖値上昇をおさえられるようになるという研究報告もあります。

「血糖値が気になっている」「健康診断で糖尿病予備軍」と言われたことがあるミドルエイジの人は、ぜひ食後の有酸素運動を習慣化してみてください。

毎食後に有酸素運動を行うのが理想的ではありますが、それは難しい場合もあるでしょう。たとえば、朝食後の通勤には駅まで歩き、階段を積極的に使う、昼食後はオフィス周辺を散歩するかp74〜75で紹介している筋トレを行う（スクワットやランジでも糖を消費できます）、そして夕食後にランニングやウォーキングを行うなどでも、かなり効果は得られるでしょう。

VSサイレントキラー・高血圧

日本人の生活習慣病死亡に最も大きく影響する原因といわれる高血圧。高血圧を完全に予防できれば、年間10万人以上の人が死ななくてすむと推計されています。

血圧とは、心臓が拍動して血液を押し出す際に動脈の内側にかかる圧力のことです。動脈の内側にかかる圧力は、心臓が収縮して血液を押し出した際の収縮期血圧（上の血圧）と、心臓が拡張して血液をためたときの拡張期血圧（下の血圧）があります。

健康診断のときや、ジムなどで血圧を測定したことがある人がほとんどだと思いますが、診察室で測定した収縮期血圧が140㎜Hg以上、または拡張期血圧が90㎜Hg以上だと高血圧だと診断されます。

血圧が高い状態が続くと、血管に持続的な圧力がかかり、血管の内壁が傷つきやすくなるため、内壁が段々と厚くなって柔軟性を失い、動脈硬化を引き起こします。高血圧は自覚症状がほとんどないうえに心筋梗塞、脳卒中といった命に関わる疾患につながることからサイレントキラー（沈黙の殺し屋）という恐ろしい呼び方をされています。

2020年時点での高血圧疾患の総患者数は1503万3000人。虫歯や歯肉炎などの歯科関連疾患（1389万1000人）をも上回って、主な傷病の中では最も多い人数となっています。高血圧は、誰もが罹患する可能性を秘めた、非常に身近な疾患なのです。

日本高血圧学会が発表している「高血圧治療ガイドライン2019」には、高血圧の予防、改善のための生活習慣改善のポイントは、食塩制限、野菜・果物の積極的摂取、適正体重の維持、運動、節酒、禁煙とあります。

より具体的には、塩分は一日6グラム未満の摂取を目指す、BMI25未満を維持する、軽強度の有酸素運動を毎日30分、または週に180分以上行う、お酒はエタノールとして1日に男性は20～30ミリ以下、女性は10～20ミリ以下とすると明記されています。

そして運動強度については最大酸素摂取量の40〜60％が推奨されています。これは、**運動時には一時的に血圧が上昇するため、高血圧の程度によっては、高強度の運動が適さない場合があるから**です。すでに医師から高血圧と診断されている場合は、ランニングを行う前に医師と相談するようにしてください。

高血圧対策をするのであれば、ランニングやウォーキングをしない手はありません。

コレステロールと中性脂肪はコントロールできる

血液中の脂質の値が基準値から外れた状態を脂質異常症といいます。主にコレステロールや中性脂肪（トリグリセライド）が必要以上に増えた状態のことを指します。

脂質異常症は、動脈硬化や心筋梗塞などを引き起こす原因になるので、高血圧と同様に注意が必要です。

コレステロールには2つあるのですが、ホルモンの材料となる重要な物質です。ひとつはＬＤＬコレステロール。コレステロールを肝臓から末端の組織へと運ぶ役割があるのですが、過剰になると血管内膜にたまってしまい、動脈硬化の原因になります。

もう一方のＨＤＬコレステロールは、余ったコレステロールを回収し肝臓へ戻す役割があるため〝善玉コレステロール〟と呼ばれることがあります。体内でＨＤＬコレステロールが減少すると、余剰分のコレステロールを回収できず、動脈硬化を進行させる可能性があるのです。

中性脂肪は分解されてエネルギーとして利用され、余剰分は皮下脂肪や内臓脂肪として貯蔵されます。

また、血中濃度が高くなると血管の内膜を傷つけて、動脈硬化の原因になるとされています。コレステロールも中性脂肪も必要なものですが、そのバランスが重要というわけです。

脂質異常症の改善には、食生活の見直しとともに、ランニングやウォーキングなどの有酸素運動に取り組むことが有効とされています。**一日に30分程度の有酸素運動を習慣にすると、HDLコレステロールを増やし、中性脂肪を減らすことができるという研究報告があります。**

ここまで、糖尿病、高血圧、脂質異常症の原因と予防策を紹介してきました。いずれの予防にも一日30分程度の有酸素運動が有効だとされています。つまり、**ランニングやウォーキングを習慣化できれば、ミドルエイジが悩まされることが多い生活習慣病のリスクを小さくできる**ということです。

ランニングやウォーキングで膝が若返る

歩くときに膝に違和感がある、膝が痛くて正座ができない、階段の上り下りの際にこわばりや痛みを感じる。みなさんの周りにも膝の痛みを訴える人が増えているのではないでしょうか。

一般的にはミドルエイジ以上の女性に多く、日本整形外科学会によれば、男女比は1：4で女性が多いそうです。

立つ、歩く、走るという動作を行うときに重要な役割を果たしている膝は、太ももの骨である大腿骨《だいたいこつ》と脛骨《けいこつ》をつないでいる関節です。それぞれの骨の先にはクッションの役割をはたす軟骨があり、軟骨は関節包という膜に覆われ、そのなかは滑液で満たされています。

長年にわたって膝に負担をかけ続けると（加齢や肥満、O脚やX脚なども原因とされます）、クッション材である軟骨がすり減ってしまいます。

すり減った軟骨の破片が、関節包の内側にある骨膜を刺激して炎症が起こるのが、膝の痛みの原因の初期段階です。

さらに軟骨がすり減ると、歩く際に強い痛みが生じるようになります。一度すり減ってしまった軟骨は元に戻ることがないというのも厄介な点です。

ですが膝関節はもろい構造をしているわけではありません。サッカーやテニスなどのアスリートが膝を故障したというニュースを見聞きすることがあるかもしれませんが、あれは、そもそも人間の限界を超えたレベルのもの。日常生活の中で、アスリートのようにジャンプやダッシュを繰り返すことはありませんし、トップスピードで急激なターンをすることも、激しくぶつかり合うこともありません。

膝関節は、一般的な日常生活を送っているレベルでは簡単に壊れるものではありません。

100年時代と言われる人生を生きている間は問題なく体を支えられるようにできています。
では、**どうして変形性膝関節症に悩まされる人がこれほど多く、加齢とともに発症率が高まるのでしょうか。その理由は、実は運動不足にあります。**

軟骨はスポンジのような組織で、コラーゲンなどを主成分としています。成長期までの子どもの軟骨には血管が通っていますが、なんと成人の軟骨には血管もリンパ管も神経もありません。その血管が通っていない軟骨の新陳代謝に欠かせないのが、滑液です。

膝関節を繰り返し動かして軟骨に圧力が加わると、滑液が軟骨に浸透し、酸素や栄養素が補給されるのですが、膝関節を動かさずにいると、うまく補給されず、軟骨を健康な状態に保てなくなってしまうのです。

筋肉量を保つためには筋肉を使うことが大切なのと同様、関節も機能維持のために使う必要があるということです。

ランニングやウォーキングで積極的に膝を動かし、関節内の新陳代謝を促すことが大切です。自転車のチェーンやドアノブも、使わずにいるとさびついて動かなくなってしまいますが、人間の体も使うことで機能が保たれるのです。

骨粗しょう症予防には骨へのインパクトが不可欠

骨は皮膚や筋肉と同じように新陳代謝を繰り返しています。つまり、**古い骨を壊し、新しい**

骨を作るというサイクルを繰り返し、強度を保っているのです。このサイクルは、骨のリモデリング（再構築）と呼ばれているのですが、**カルシウムなどの栄養素とともに運動による刺激が非常に重要な役割を果たしています。**

運動などによって刺激を与えると骨の内部でマイクロクラック（微細骨折）を起こします。ミクロ単位で骨にひびが入るのですが、悪いことではなく、このひびを修復するために、新たに骨を作る細胞が活性化してカルシウムがとり込まれ、骨が強化されます。

骨粗しょう症を予防するには、若いうちになるべく骨量を増やすこと、そしてその維持のために骨に刺激を与えながら栄養を送り続けることが大切です。

成長期ではリモデリングを繰り返すことで骨量が上がっていきます。男女ともに20歳ごろまでに骨量はピークを迎え、ミドルエイジになると減少に転じます。**最大骨量（ピークボーンマス）を増やすのは、ミドルエイジのみなさんにはできないことなので、減少を食い止めることが目標**となります。

特に女性の場合、閉経を迎えると女性ホルモンの減少にともない骨量が減少し、骨粗しょう症になりやすいので注意が必要です。

骨は繊維状のタンパク質であるコラーゲンなどから作られたフレームに、カルシウム、マグネシウム、リンといったミネラルが固く結合したものです。骨をビルにたとえると、コラーゲンなどのタンパク質は骨組み部分の鉄筋、カルシウムなどのミネラルは鉄筋を覆うコンクリートのようなものです。

そして骨のビルは一度作られたらそのままというわけではありません。部分的な建て替えを繰り返して、約3年周期ですっかり新しくなります。

骨を丈夫にするには、運動をして骨にインパクトを与えることが大切です。その証拠に、たとえばテニス選手はラケットを持つ腕の骨密度が高く、ランナーは脚の骨密度が高いといわれています。また、重力がほとんどない宇宙空間では、骨粗しょう症患者のおよそ10倍の速度で骨量が失われるそうです。骨量、骨密度を保つために運動が重要だということがわかってもらえたでしょうか。

高齢になっても自立した生活を継続するために大切な脚。その**骨量、骨密度をキープする運動として、ランニングはとても有効です。着地時にかかる体重の約3倍の衝撃は、骨を鍛えるのに適しているのです。**

走って歩いてこそ慢性的な疲労感がとれる

ミドルエイジになると「いつも疲れている」「疲れがぬけない」と訴える人が増えてきます。疲労は多くの場合、体力の低下によるものであり、適切な疲労回復の手段をとらないと、疲労は蓄積していきます。

睡眠が大切なことはすでに述べました。

　また、肉体的な疲れやすさを感じる大きな原因は下半身のおとろえにあります。運動不足の生活が続き、下半身の筋肉量が低下すれば、若いころよりも少ない筋肉量で体を支えなくてはいけません。体脂肪で体重が増加していれば、より大変です。

　心肺機能も20代にピークを迎え、運動をしなければ緩やかに右肩下がりになります。心肺機能とは、吸い込んだ酸素を肺で血液に溶かし込み、心臓のポンプ作用によって血流を促して、全身に酸素を供給する働きのこと。

　下半身の筋力がおとろえ、心肺機能が低下すれば、階段がキツかったり、少し体を動かしただけで疲れてしまうのは、当然といえるでしょう。**ミドルエイジになったから、年をとったから疲れるのではなく、運動不足による体力低下が疲れの大きな原因なのです。**

　ランニングは下半身、心肺機能を鍛えるのにとても有効です。走る体力があるうちは元気な証拠。**疲れにくい体を手に入れたいのなら、すぐにでも走るべきなのです。**

　効率的に心肺機能を鍛えたい場合は、60〜80％（もしくはそれ以上）の運動強度が適しています。60〜80％のゾーンは脂肪燃焼効果も高いので、健康目的のミドルエイジランナーはこのゾーンの維持を目標に走るといいでしょう。

　心肺機能や下半身の筋力が低下し、疲れやすい体になると、動くことが億劫になり、ますます運動から遠ざかってしまいます。負のスパイラルに陥らないためにも、ランニングを習慣化して、疲れにくい体を手に入れましょう。

始めるのに遅すぎることはない

「今から運動をして体力がつくのでしょうか」「これからランニングを始めてちゃんと走れるようになるのでしょうか」と聞かれることがあります。

結論からいえば、運動を始めるのに遅すぎるということはありません。

学生時代からまったく運動をしてこなかったという人も、体育の授業が苦手だったという人も安心してください。**運動を習慣化すれば、70歳でも80歳でも筋肉量は増えますし、持久力をアップすることも可能**です。

運動習慣がない人は、20歳前後をピークに加齢とともに年に約1%ずつ筋肉量が低下していきます。筋肉量の低下が最も顕著なのは下半身。20歳から80歳までに、下半身の筋肉量は30%以上低下するという研究報告もあるほどです。

ですが、これは決して筋肉量低下の原因が加齢にあるということではありません。**筋肉は年をとったから減少するのではなく、使わないから減るのです。**

たとえば、左脚を骨折してギプスで固定した生活を数カ月続けたとしましょう。経験のある人ならおわかりのとおり、骨折が治ってギプスを外すと、動かせなかった左脚は右脚と比べて明らかに細くなります。運動不足で筋肉量が減るのは、これと同じ仕組みです。

運動生理学を学ぶ際に、いくつになっても筋肉量は増えるということを教わりますし、高齢者にダンベルトレーニングを継続してもらったら筋肉量が増えたという内容の研究報告もあります。筋肉がつくスピードは若いころと比べるとゆっくりにはなりますが、地道に続けていれば、あなたの体はその努力に応えてくれるでしょう。

最近は人生100年時代と言われるようになりました。ミドルエイジであれば、まだ折り返し地点が見えてきた程度の年齢です。むしろ、まだまだ元気な今のうちに、運動を習慣化しておかなくては、健康でい続けることが難しくなってしまいます。

ここまで書いてきたとおり、ランニングはさまざまな疾患の予防や改善に有効ですから、ミドルエイジだからこそ積極的に取り組んでほしいのです。

ランニングでついた筋肉は後々、あなたを助けてくれることになるでしょう。筋肉は「貯筋」することができるからです。

一度筋肉をつけると、運動をやめた後も、体は「筋肉があったこと」を記憶します。これはマッスルメモリーと呼ばれるものですが、**一定期間運動を中断し、筋肉量が低下したとしても、再び鍛えたときに、その記憶がよみがえり、ゼロから鍛えるよりも短期間で元の筋肉量を取り戻すことができるのです。**

たとえば、高齢になり、病気やケガなどで入院することがあったとき、ミドルエイジで貯筋をしておけば、短期間でリハビリを終えることが可能になるというわけです。

近年、世の中はますます便利になっています。ロボット掃除機や食器洗い機が定着してきた感じがあります。電動アシスト自転車も増えましたし、自動運転カーが街の中を行き来するのもそう遠くない未来に実現するでしょう。インターネットを利用すれば、外出せずに日用品をそろえられますし、食事を届けてもらうことができます。そして、新型コロナウイルスの流行以降、テレワークが増えたという人も多いのではないでしょうか。

便利になった分、現代人は意識的に運動時間を設けなくては、運動をする時間が不足してしまい、それが生活習慣病を引き起こす原因につながります。

ランニングやウォーキングなどの有酸素運動を習慣化するのは、利便性の高い現代社会で、長く健康でいるための必須条件といえるかもしれません。

POINT

中高年にふさわしい食事
積極的にとるべきものは何？

若いころと比べて、食生活はどう変化しているでしょうか。「たくさん食べられなくなった」「脂っこいものを避けるようになった」「糖質をひかえるようになった」などなど、体調の変化や健康診断の結果をきっかけに何かしら変わったという人が多いと思います。

ランニングなどの運動をするのと同様、栄養バランスのとれた食生活を送ることもミドルエイジの健康維持には不可欠な要素です。トレーニングの世界では、「運動」「休養」「食事」が三本柱とされていて、このうちどれか1つでも欠けると、体のパフォーマンスは高まりません。

「アスリートほど気を配る必要はないだろう」と思われるかもしれませんが、食事が重要であることに違いはありません。私たちの体は自分が食べたものからつくられますし、活動するためのエネルギーも食べたものから生まれています。

きちんと食事をとらなければ、ランニングやウォーキングに取り組んでも、思ったよりも持久力や筋力の向上が見られない、うまく脂肪が燃焼してくれないといったことが起こります。

そもそも栄養不足状態では、思うように走れません。

健康診断でメタボと指摘されたとき、ぽっこりと出たお腹が気になってダイエットを決意したときに、極端な食事制限をしようとする人がいます。完全に糖質をカットしてしまったり、野菜だけを食べる生活をしたり、食事を一日1回にしたり……。リンゴ、バナナ、キャベツなど特定の食品だけを食べる「○○ダイエット」も繰り返し流行し、スーパーでそれらの食品が姿を消すほどのブームになるといったことも起こります。

食事量を大幅にカットしたり、特定の食品だけを食べれば、摂取カロリーがかなり減ることになるので、一時的に体重が減るのは確かです。しかし、余分だった脂肪ばかりでなく、大切な筋肉までも減らすことになりますし、栄養バランスが偏れば、体がうまく機能しなくなり、さまざまなトラブルや疾患の原因になります。

社会人になると多くの人の食生活は、それぞれのライフスタイルや嗜好によってパターン化していきます。朝食はとらないかパンだけ、ランチはオフィス近くのパスタ屋ですませることがほとんど。夜は会食でお酒を飲むことが多い、といったように、食べる時間や回数、食事の内容が固定化していきます。

パターン化している食生活がオーバーカロリーであれば、徐々に体重、体脂肪が増えていきますし、ビタミンやミネラルの不足状態が続けば、体にトラブルが生じてくるでしょう。自分の食生活がパターン化しているかもしれないと思ったら、栄養素に何かしらの偏りがある可能性が高いので、食生活を見直す必要があるでしょう。

☑ 意外に簡単　一日14品目のススメ

バランスのいい栄養素である糖質、タンパク質、脂質、ビタミン、ミネラル、食物繊維を過不足なく摂取するには、どのような食生活をすればいいのかをお伝えしたいと思います。

ずいぶん前のことになりますが、かつて厚生省（現・厚生労働省）は、一日30品目を食べることを推奨していました。食べる品目が多ければ自然に栄養バランスが整うという発想だったのだろうと思いますが、現在はこの方法を推奨していません。一日に30品目を食べようとすると、オーバーカロリーになりやすく、肥満を招く可能性があるからです。

運動もそうですが、食生活に関しても、継続することが大切です。手軽に栄養バランスのいい食生活を組み立てるために、**私が食事指導に用いているのが、一日14品目の摂取を目指すという食事法です。**複雑なカロリー計算は必要ありませんし、調理法や献立を限定するものでもありません。とてもシンプルです。

摂取するべき14品目は次の表のとおりです。

バランスのいい栄養素のための14品目

1. 穀類（白米、玄米、パン、もち、パスタ、うどん、そば、中華麺、シリアルなど）
2. 肉類（牛肉、豚肉、鶏肉など　※ソーセージやハムなどの加工品を含む）
3. 魚介類（魚、イカ、タコ、エビ、貝類など）
4. 豆・豆製品（大豆、豆腐、納豆、豆乳、インゲン豆、ひよこ豆、レンズ豆など）
5. 卵（生卵、ゆで卵、卵焼き、卵豆腐、ピータンなど）
6. 牛乳・乳製品（牛乳、チーズ、ヨーグルトなど）
7. 緑黄色野菜（トマト、ホウレンソウ、ブロッコリー、ニンジン、パプリカなど）
8. 淡色野菜（大根、キャベツ、レタス、タマネギ、白菜、カブ、ナスなど）
9. キノコ類（シイタケ、シメジ、マイタケ、エノキ、エリンギ、ナメコなど）
10. 海藻類（ワカメ、ヒジキ、海苔、モズク、昆布、寒天など）
11. イモ類（ジャガイモ、サツマイモ、サトイモ、コンニャク、ヤマイモなど）
12. 果物類（リンゴ、ミカン、オレンジ、キウイ、バナナ、ブドウ、ナシなど）
13. 油脂類（オリーブオイル、バター、マヨネーズ、ラード、揚げ物など）
14. 嗜好品（アルコール、菓子）

14品目を一日1回（穀類は毎食でOK、緑黄色野菜・淡色野菜は一日2回でもOK）食べるのが、私がおすすめする一日14品目食事法です。

慣れてくると、自然と食べたもの、まだ食べていないものがわかるようになりますが、習慣化するまでは食べたものをチェックするといいでしょう。

14品目というと、少し多いと感じる人がいるかもしれませんが、かつて厚生省が推奨していた30品目に比べれば、随分簡単だと思います。

また、私がクライアントに一日14品目食事法を指導すると、キノコ類、海藻類を食べるのが難しいという反応が返ってくることがあります。そんなときにおすすめしているのが味噌汁です。キノコ類にも海藻類にもマッチしますし、干しシイタケ、ワカメ、ヒジキ、海苔などの乾物をストックしておくと、それを味噌汁に加えるだけで簡単に食べることができます。

なによりもタンパク質が重要

タンパク質は、人間の体を構成する材料となる大切な栄養素で、人体の約20％がタンパク質でできているといわれています。

筋肉、骨、血管、内臓はいずれもタンパク質から作られていますし、肌、髪、爪の材料にもなっています。さらに、生体機能を調節するホルモンや酵素もタンパク質がなくては作ることができません。

厚生労働省による２０２０年版「日本人の食事摂取基準」では、タンパク質の推奨摂取量を成人男性が一日65グラム、成人女性が一日50グラムとしています。もちろん、タンパク質の必要量は体の大きさによっても異なるので、体重1キロあたり1グラムを目安とすると、十分な量が摂取できるでしょう。体重が70キロなら70グラム、50キロなら50グラムを目指すということです。

ミドルエイジや高齢者の場合は、むしろ**若い人よりも積極的に肉や魚を食べて、タンパク質不足にならないように心がける必要があります。**

筋肉の合成反応を比較するテストで、若い人は少量のタンパク質摂取で筋肉が合成されるのに対し、高齢者は少量のタンパク質ではほとんど合成されないというデータがあります。年齢を重ねてくると、タンパク質を摂取しているつもりでも、それが少量だと筋肉が合成されにくくなるのです。

また、タンパク質は一度に大量に摂取しても体内で利用しにくいため、三食でバランスよく摂取するのが理想です。

タンパク質は20種類のアミノ酸で構成されています。そのうち9種類は（ロイシン、イソロイシン、バリン、リジン、メチオニン、フェニルアラニン、スレオニン、トリプトファン、ヒスチジン）は体内で合成することができず、毎日の食事で摂取する必要があるため、必須アミノ酸と呼ばれています。

9種類の必須アミノ酸のうち1種類でも不足していると、体内で効率的にタンパク質を合成することができません。ＦＡＯ（国連食糧農業機関）とＷＨＯ（世界保健機関）によって提示されたアミノ酸スコアという指標があるのですが、9種類のアミノ酸すべてが基準値を上回っているとスコアは１００となり、良質なタンパク質だとみなされます。

アミノ酸スコアが高い食品を意識的に摂取していれば、筋肉の合成に対して高い刺激効果を持つロイシンが不足することはないはずです。

たとえば、**牛肉、豚肉、鶏肉、牛乳、ヨーグルト、卵、アジ、イワシ、カツオ、サケ、ブリ**

などはアミノ酸スコアが100の食品です。これらをうまく活用して、体内で必須アミノ酸が不足しないような食生活を送りましょう。

ランニング後の補給も重要

減量のためにランニングをしているからという理由で、走った後にまったく補給を行わない人もいますが、長時間のランニングを終えた後は糖質を補給することも大切です。

疲労困ぱいで体が動かなくなるのは、多くの場合エネルギー源である糖が体内から失われてしまっているのが原因です。リカバリーのことを考慮しても、失われたものは速やかに補給する必要があります。ランニングをしてエネルギーを使い、たっぷりと汗をかいたのであれば、水分やナトリウムと合わせて糖質も補給しておきましょう。

せっかくカロリーを消費したのにもったいないと思う人もいるかもしれませんが、体がエネルギー不足の状態が続くと、筋肉が分解される量が増えてエネルギー源として使われ、筋肉量が減ってしまう可能性があります。筋肉量が減れば、基礎代謝量が低下するので、ダイエットの観点からも、健康面からも望ましいことではありません。

ミドルエイジにとって筋肉量を維持することはとても大切です。おにぎり一つ程度でかまわないので、ランニングを十分な時間した場合は補給を忘れないようにしましょう。

Episode 6

第6章

ランニングだけは自分をあまやかしていいマインド

POINT

追い込まないゆるマインドで「楽しく」「ずっと」「気持ちよく」

三日坊主は失敗ではない

健康が気になりランニングをスタートさせようと思っている人も、久しぶりにランニングを再開しようと思っている人も、チャレンジするワクワク感と、続けられるかどうかのドキドキ感の両方があるのではないでしょうか。

新しいことに挑戦するのは、とてもワクワクすることです。トレーニングもダイエットも、習い事も、スタートするときは意欲にあふれていて熱量が高いもの。しかし、いじわるなことを言いますが新鮮な感動は少しずつ薄れていきます。初めての経験には強い興奮をともないますが、何度も経験を積み重ねていくと、最初に体験したような新鮮味はそこなわれていきます。

多くの場合、新鮮味に変わる何かが見つからないと、モチベーションが下がってきます。せっかくランニングやウォーキングを始めても、新鮮味が薄れてくると、仕事の忙しさ、プライベートでの急用、天候不良などをきっかけに継続が途絶えてしまうことがあります。これがいわゆる三日坊主です。きっとみなさん一度は経験したことがあるはずです。

ですが、もしあなたがこれからランニングやウォーキングをスタートして三日坊主で終わってしまったとしても「自分はなんて意志が弱いんだ」「簡単に挫折してしまって情けない」などと落ち込む必要はありません。

人間は何かをやり始めても、1年以内に約8割が以前の習慣に戻るといわれています。これは「逆戻りの原則」と呼ばれるものなのですが、新しく始めたことの継続は誰にとっても難しく、人間にとってサボるのは当たり前のことなのです。ランニングをスタートして三日坊主で終わるのは当然のこと。失敗でもなければ、敗北でもありません。

サボったことをネガティブに捉えるのではなく、チャレンジしたことをポジティブに捉えましょう。ランニングが三日坊主に終わったら、またチャレンジすればいいのです。

視点を変えれば、三日坊主は3日続いたともいえます。10回繰り返せば30回もランニングをしたことになるのです。運動習慣のなかった人が30日も走ったと考えれば、かなり大きな成果だといえるでしょう。

「サボる→やってみる→サボる→またやってみる」を繰り返していけばいいんです。三日坊主でも長い切れ目をつくらずに繰り返していれば、体のパフォーマンスや見た目、健康診断の数値、メンタルなどにポジティブな変化が表れるはずです。その変化を自覚できればサボってしまっても、「また始めよう」という気持ちが次第に強くなっていくでしょう。そして、いつの間にか運動習慣が身についているはずです。

また「飽きたな」「面倒だな」と思う前にわざとやめるメニューを組むのも一つの方法です。たとえば2日走ったら2日休む。走りたくても3日連続で走ることはせずに、心身に余裕がある状態を保つようにします。スパンは人それぞれですが、強制的に休養日を設けることも無理なく楽しく続けるためのコツなのです。

成功体験を積み重ねて自己効力感を高める

心理学の用語に「セルフエフィカシー（Self-efficacy）」という言葉があります。日本語では自己効力感と訳されますが、ある目標を達成できるかについて、その人が抱く自信のことです。

自己効力感の高い人と低い人では、物事を行ったときの継続力に違いが生じます。自己効力感の高い人は、失敗してもまた続けようと思えるので、挫折しながら何度もチャレンジできる傾向があります。一方、自己効力感の低い人は、挫折した際に再チャレンジしようとする意欲がわかず、やめてしまうケースが多いのです。

よく子どもの能力は褒めて伸ばせといわれますが、これは自己効力感を高めるための一つの方法です。些細な事柄でも周囲が褒めてあげると、子どもにとっての小さな成功体験となって、自己効力感が向上するのです。

それでは、成功体験を積み重ね、自己効力感を高めるためのコツをお伝えしましょう。ポイントは目標設定の仕方にあります。

運動が続かない人には100点かゼロか、やったかやらなかったかというオール・オア・ナッシングな考え方をするタイプが少なくありません。この考え方は成功体験を積み重ねるのに妨げになることが多いのです。

たとえば「30分ランニングをする予定だったのに20分でやめてしまった」「5キロ走ろうと思ったのに3キロしか走れなかった」というとき、オール・オア・ナッシング的な発想だと「できなかった」ことになり、失敗体験になってしまいます。

しかし、ランニングをしたことには間違いありません。20分のランニングでも健康効果はあるのですから、走らなかったことと比べれば大きな成功です。

何事においてもそうですが、100点以外はすべてゼロということはありません。80点もあれば50点もあります。たとえ10点でもゼロよりははるかにプラスなのです。

あらかじめ複数の選択肢を用意しておくと、オール・オア・ナッシング的な発想に陥るのを防ぐことができます。

近所の公園を5周走ることを目標に定めたとします。絶対に5周しなければならないと考えてしまうと、忙しいとき、疲れているとき、雨が降っているときには嫌になってしまいますし、3周しかできないと失敗という結果になってしまいます。

走りだして調子がよければ5周、調子がイマイチなら3周ということにしておけば、気がラクですし、走ったことが成功体験につながります。

私も日課にしているランニングでは、13キロのコースと6キロのコースを用意して、時間がないときは短いコースを走るようにしています。その日の調子や忙しさに応じていろんな選択肢があれば、面倒だなと感じることや、忙しさを言い訳にすることを回避しやすくなり、まったく走らなかったという日を減らすことができるはずです。

達成率50%レベルの目標を

小さな成功体験を積み重ねることが、自己効力感を高め、継続への力になります。そして〝成功体験〟を得るためには、目標のレベル設定も重要です。

あまりにも非現実的な目標を掲げてしまうと、続けるどころかそもそもスタートする気が起こりません。かといって、できて当たり前の低すぎる目標にしてしまうと、クリアしたときに達成感や感動が得られず、自己効力感の向上につながりません。

たとえば毎日の通勤で駅まで1キロ歩いている人が、500メートルのウォーキングを日課にしても、達成感はあまりないでしょうし、得られる効果も限定的でウォーキングの効果を実感するには、かなりの時間がかかってしまうでしょう。

理想は、成功確率が50%。フィフティフィフティの目標であれば、クリアしたときに強い達成感が得られ、自己効力感が高まります。そしてその成功体験が糧になり、もっと続けようという意欲がわき、好循環に入っていきます。

では、成功確率50％の目標とはどの程度なのでしょうか。そこは正直、目標を立てる本人の感覚が頼りになります。

フィフティフィフティの目標設定には少し経験が必要になりますが、その目安は次のような感覚になります。

・絶対にできない（成功確率０％）
・たぶんできない（成功確率25％）
・もしかしたらできるかもしれない（成功確率50％）
・たぶんできる（成功確率75％）
・絶対にできる（成功確率１００％）

自問自答をしてザックリと目標を設定したら、実際に試してみます。スタートしてみて、ほとんどこなせないようなら目標設定が高すぎますし、楽々とこなせてしまい、達成感がなければ、目標設定が低すぎます。

試行錯誤しながら、自分に合った目標を見つけてください。

ストイックすぎる性格「タイプＡ」

タイプＡ、というのを聞いたことがあるでしょうか。１９５０年代にアメリカの医師であるメイヤー・フリードマン氏とレイ・ローゼンマン氏が、狭心症や心筋梗塞を起こす患者に特徴的な行動パターンがあることを発見。そのストレスを抱えやすい性格、行動様式をタイプAと名づけました。

タイプAに該当する人には次のような特徴があります。

・いつも時間に追われている
・競争を好んで追求する
・出世欲があり野心的
・完璧主義
・大声で早口
・攻撃性が高く敵意を抱きやすい
・自尊心が高い
・目標達成に強い欲求を持つ

ワーカホリックな傾向がある人は、タイプAに当てはまる人が多いといわれています。タイプAの傾向がある人は、せっかくランニングを始めるのだから中途半端にはやりたくないと高い目標を設定しがちです。

フルマラソンに出場し、その都度自己ベストを更新しないと失敗だと捉えてしまったり、趣味で始めたはずなのに仕事のように厳しいノルマを課したりといったことをしがちです。

燃え尽き症候群に陥ったり、速く走れなくなったらランニングをやめてしまう傾向が強いのもこのタイプです。もし、**自分にタイプAの傾向があると感じたら、長く、楽しくランニングを続けるために目標設定には気をつけるように注意しましょう。**

☑ 仲間や褒め言葉が継続をサポートしてくれる

ランニング自体は一人でできるもので個人競技ではありますが、家族やパートナー、友人からの褒め言葉は継続の大きな助けになります。

ミドルエイジになると、誰かから「すごいね」と褒められたり、感嘆されることは少なくなるものですが、だからこそ褒められることはうれしいですし、原動力にもなります。

　ランニングをしてダイエットに成功すると、周囲から褒められることがあるでしょう。レースに出場して、フルマラソンを完走すれば驚かれることもあるでしょう。沿道からたくさんの応援がもらえるはずで

す。ランニングの練習の様子をSNSにアップすれば「いいね」をしてもらえるでしょうし、あなたのがんばりを近くで見守る家族からも応援や称賛をもらえることは間違いありません。

そのためにも周囲に走ることを宣言したり、SNSにアップするのは効果的です。もちろん、ストレスにならない程度にとどめる必要はありますが。

走る仲間をつくることもランニングを長続きさせるためのコツです。アメリカスポーツ医学会の報告によると、一緒に運動する人がいた場合、継続率は約80%になるそうです。私のクライアントを見回しても、一人で走っている人よりもパートナーや家族と走ったり、ランニングクラブに所属している人のほうが長続きしている印象です。

ランニングクラブで出会った仲間と、週末はランニング大会やイベントに参加したり、誘い合って長い距離を走ったり、情報交換をすることがいい刺激になるようです。週末にランニング仲間と会う。これがダイエットや健康維持、自己記録の更新以上に大きなモチベーションになるのは、決して稀なことではありません。

クラブに参加するのはハードルが高いという人も、スポーツショップやスポーツメーカーが主催しているイベントに参加してみたり、小規模なレースに参加してみると、いい刺激がもらえるでしょうし、いい出会いがあるかもしれません。

☑ 身近な成功者を参考にする

継続させるコツの一つに、誰かのまねをするというのがあります。モチベーション維持に役立つセルフエフィカシーは、実は他人の成功体験に自分を重ねることでも得られることがあるからです。

自分の知人、友人、ランニング仲間のうち、年代、体格が近い人で自分の目標に応じて「ランニングをして減量に成功した人」「運動未経験でミドルエイジからランニングを始めてマラソンを完走した人」「ランニングを始めて健康になった人」を見つけましょう。SNSでフォローしている人でも構いません。そして、その人たちがどうやって目標を達成したのかを見聞きして、まねたり参考にしたりするのです。

仮にアスリートのまねをしても、キツくなったときに「できなくて当然」だと感じてしまいますし、20代のランナーをお手本にすると「若いからできるんだ」と思いがちです。

しかし、**自分と同年代で体力レベルも近い人が続けている姿や、目標を達成している姿を見ると「自分にもできるかもしれない」という見込み感が高まります。**

一人で黙々とやっていると、ときにゴールが見えなくなったり、効果を感じないと「続けても意味がない」とネガティブになることもあります。それを防ぐためにも、誰かとランニングを共有し、楽しむことは非常に有効なのです。

とにかく、これは仕事ではなく、焦る必要もなく、あなたがコントロールできるものです。「楽しく」「ずっと」「気持ちよく」ランニングできる方法を見つけてください。

あなたはどんな
ミドルエイジランナーを目指す？
現役ランナーさんインタビュー

ここで紹介するのは、ミドルエイジになってからランニングを始めた、みなさんの先輩、３人のランナーのストーリーです。本書を手に取り、一歩を踏み出そうとしているあなたの背中を押してくれるはずです。

桜井徹哉さん
63歳・男性

飲み会に釣られてランニングをスタート

——ランニングを始めたきっかけを教えてください

会社の同僚が週に1回、皇居ランをやっていたんです。その人に「ランニング後の飲み会も楽しいからどうですか」と誘われて。

55歳のときですね。ちょうどそのころ、健康診断に引っかかって、メタボ気味だと指摘されたこともあって、運動を始めるいいきっかけかなと思って。お酒に釣られたのも間違いないいんですが（笑）。

――当時は運動をしていたのでしょうか

たまにゴルフをするぐらいで、運動らしい運動はしていなかったですね。学生時代はスキーやテニスをやっていて、特にスキーは検定で1級をとったりと、やり込んでいました。社会人になってからは会社のテニス部に入っていましたけど、それも20代の後半まで。30代以降は、メタボまっしぐらな生活をしていました。実際、初めて皇居ランに参加したときは脚がガクガクになってしまって、ランニング後、階段を下りるときに脚が痛くてしかたなかったです。

――そこからどのようにランニングにのめりこんでいったのでしょうか

皇居ランをしている仲間に沖縄出身の方がいて。沖縄マラソンっていうのを走ってみようという話になったんです。飲みの席で誘われたんで、断りにくかったというか、ノリで申し込んだんです（笑）。練習は週一でしたが、皇居は2周走れるようになっていて。で、なんとか4時間45分ぐらいでゴールできたんですけど、途中、何度も歩いたこともあって、悔しかったというか、一回ちゃんと走り切りたいなと思って。そのころ、地方のマラソンが増えている時期だったので、第一回大会を狙って参加して、現地で美味しいものを食べて走るっていうのが、趣味みたいになりました。旅と食とランを楽しんでいたら、少しずつ走れるようになって。

そこから本を読んだり、インターバルやビルドアップなんかをやるようになり、ランニングコミュニティに参加したり、去年からは神野大地選手が主宰しているRETO RUNNING CLUBに入って、練習の質が高くなりました。

クラブは目標を持っているメンバーが多く、いろいろ刺激をもらえます。いい意味で他の世代と切磋琢磨できますし、10代、20代のメンバーもいるので、そっちに引っ張られて気持ちを若く保てる気がします。

——これからの目標を教えてください

70歳ぐらいまでにアボット・ワールドマラソンメジャーズ（東京、ボストン、ロンドン、ベルリン、シカゴ、ニューヨーク）を全部走るのを目標にしようかなと思っています。タイムをねらうのはそろそろ限界だと思いますが、フルマラソンで3時間を切るサブ3も達成したいですね（現在の自己ベスト：3時間5分10秒）。

――これからランニングを始めるミドルエイジの人たちにメッセージをお願いします！

私自身、50歳のころはランニングをしようとはまったく思っていなかったので、始めるのに遅すぎるということはないと思います。走ってみると体重が減ったり、心の持ちようが変わったり、何かしらの変化が起きてくるのでそれを楽しめるといいのかなと。私は、走るようになって、睡眠時間や入浴に気をつかい、ストレッチをするようになったから、ちょっと大袈裟かもしれないですけど、生きるクオリティが上がったような気がします。あとは無理をしないこと。どうしても若いころと比べれば、体力や回復力は落ちているので、メンテナンスは大切です！

マラソン出場のきっかけはティファニー

加藤真里さん
51歳・女性

――ランニングを始めたきっかけとタイミングを教えてください

走り始めたきっかけはダイエットです。31歳ごろだったと思いますが、体型の変化を感じていて。日本の女性用Mサイズの洋服を着たいなと思って、ジムに通ってひたすらトレッドミルを走っていました。とにかくやせたかったので、仕事終わりに通える限りジムに行って、週4～5ぐらいのペースだったと思いますが、1時間トレッドミルで走ってサウナに入って帰るという生活を続けていました。

――ダイエット効果はどれくらいで感じられましたか

私は食事を我慢したくなかったので、食生活は大きく変えずに、走ってカロリー消費を増やすというスタイルでした。

数カ月続けたのですが、なかなか体重は落ちず。ただ見た目はスッキリしてきて、洋服のサイズは下がったので、いま思えば脂肪が減って、筋肉が増えていたんだと思います。半年過ぎたあたりからガクッと体重が落ちたので、続けていると効果があるのは間違いないと思います。体重だけでなく、見た目や体力などの変化に目を向けると続けやすいのかもしれません。マックス体重と比べると、今は15キロぐらい軽くなっています。

――ランニングの魅力はどんなところにありますか

自分のペースでできるのが魅力ですね。ランニングはシューズさえあれば、好きな時間に好きな場所でできます。休むのも再開するのも自由ですし。

自分の経験をふまえての話ですが、運動音痴でも地道に走っていると記録が伸びる、体力の向上を感じられる、やったものがしっかり成果となってくる点も魅力だと思います。

それから、ランニングをすると心身がリフレッシュされて、気持ちが前向きになれます。

今日は仕事で疲れたから走るのやめようかなと思うときもありますが、走り始めると気持ちいいですし、そんなときほど走った後に達成感があって、ちょっとがんばったなと自己肯定感も得られます。走った後に「走らなきゃよかった」と思うことってないんです。

――今後の目標を教えてください

ジムでトレッドミルを走るっていうのを続けていたのですが、30代の後半ごろに、こんなに続けているから、人生で一度くらいフルマラソンを走ってみようかなと思ったんです。それで、レースを調べてみたら、アメリカのサンフランシスコで、完走するとティファニーのペンダントがもらえる大会があって、「これだ！　海外旅行を兼ねてティファニーをもらいに行こう」となりました（笑）。そこからしばらくは年に1回、ティファニーのペンダント目的でその大会に参加していました。

タイムについては、以前、東京マラソンに当選して走ってみたら、3時間12分で走れたんです。そこからしっかりとマラソン用の練習をするようになりました。

あとはボストンマラソンを走ってみたいなと思っているのと、ディズニーワールドでやっているマラソンイベントに参加してみたいですね！　フル、ハーフ、10キロ、5キロとあって、1種目完走するごとにメダルがもらえて、全種目完走するとまた別にメダルがもらえるようなので、それが欲しいです（笑）。

運動嫌いが1年でフルマラソンに！

よしおかみほさん
55歳・女性

――どうしてランニングを始めたのでしょうか

49歳のときに人生最高体重を記録しまして（笑）。これはまずいなと思っていたタイミングで、友人に皇居ランをしないかと誘われたんです。ここで走らなければ私は一生やせられないかもと思って、その誘いにのることにしました。

日にちを決めないとサボってしまいそうだし、誰かが忙しくても一人になる可能性は低いだろうということで、仲間４人で毎週木曜日に走ることにしました。1キロ8分とか9分くらいのペースだったと思うんですが、最初は本当にいっぱいいっぱいでした。そもそも学生時代の体育の授業以外にこれといったスポーツをしていませんでしたし、運動は大嫌いでした（笑）。

――運動嫌いだったのにどうしてランニングは続いていると思いますか

走った分だけ成果が出るというか、心身にポジティブな変化が出るのがランニングの魅力だと思います。当初の目標だったダイエットも達成できましたし（10キロ減！）、肩こりがなくなりました。ランニングをするようになってから、よく眠れるようになりましたし、ランニングを通じて新しい友人もたくさんできました。私にとってはいいことばかりで、本当に人生が変わったなと思っています。

暑い日、寒い日、疲れている日にくじけずに走ることはなかなか大変でしたが、仲間と始めたのがとてもよかったなと思います。一人で始めたらもっと大変だったのは間違いないですね。

――運動未経験のミドルエイジランナーに何かアドバイスはありますか？

無理せず、がんばりすぎず、楽しく走ることですね！　月間走行距離やスピードも他人と比べないで、自分のペースで走ればいいのではないかと思います。短い距離でも、ゆっくりとでも、走ること自体が素晴らしいので。

できれば、仲間を見つけて誰かと一緒に走るのもいいかなと思います。仲間がいると継続を助けてくれますし、何かあったときには相談できますし、何よりも楽しいです！　ランニングクラブに入らないまでも、イベントやレッスンみたいなものに参加すると仲間が見つかるんじゃないかと思います。あとは、短い距離でもいいので、マラソン大会に一度参加してみてください。沿道から応援してもらう経験って人生でなかなかないものですし、ゴール後の達成感がハンパじゃないです！

──これからの目標を教えてください

一緒にランニングを始めた友人に誘われて、走り始めて1年くらいでフルマラソンの大会に出ました。5時間オーバーでなんとかゴールしたんですが、完走できると思っていなかったので、ゴールしてメダルを掛けてもらった瞬間、感動で号泣してしまいました（笑）。

今度はウルトラマラソンやトレイルランニングにも挑戦したいなと思っています。それから、ガチな仮装をしてフルマラソンを走ってみたいです（笑）。

あとはランニングに恩返しというわけでもないのですが、いつかランニング関連のお仕事の手伝いができたらうれしいですね。

いかがでしょう。走りだすのはミドルエイジからでもまったく遅くはない、運動未経験だったとしても大丈夫だと思えてきたのではないでしょうか。

3人とも、可能な限り走り続けたいと口をそろえていました。それだけランニングに魅力を感じているということでしょう。そして写真を載せられないのが残念ですが、みなさん実年齢よりかなり若々しいのです。

人はいつまで走れるのか。それもミドルエイジランナーが気になることかもしれません。

たとえば、日本国内には79歳でサブ4（フルマラソンで4時間を切る）を達成したランナーがいます。アメリカでは70代のランナーが年間40レースに出場し、サブ3を達成したこともニュースになりました。フルマラソン完走時の夫婦の合計年齢が「170歳30日」という最高齢ギネス記録を持つ夫婦が日本にいます。

もちろん個人差はありますが、ケガと病気に気をつけながら続ければ、死ぬまで走り続けることも不可能ではないのです。

ミドルエイジはまだまだ人生の折り返し地点。今から走り始めてもランニングライフは40年、50年と続いていくのです。

あとがき

「あなたにとってランニングは、どんなイメージですか?」

でも、走る気がまったくない人に言うつもりはありません。たとえば……私はアニメを見ません。まだ興味がないからです。「アニメが人生を変える!」と言われても、残念ながら今の自分にはあまり響きません。走ることも同じで、まだ興味がない人に勧めても、響かないはずです。ですが、この本を手に取り、このあとがきを読んでいるみなさんは、間違いなく、少しは走ることに興味をもち始めているはずです。

そんなみなさんが行動を起こすために、モチベーションをさらに引き出すのが私の仕事です。

現状みなさんは、街中をランニングしている人たちを見て、「あの人たちは自分とは別世界の人だ!」と感じているかもしれません。しかしそれは違います。146ページから登場する3人も、最初はむしろランニングが嫌いだった方たちです。

ここから少し心理学を交えて話をします。

ランニングが嫌いという認知の人が、好きという認知に書き換えられるには、必ず共通したきっかけがあります。

運動に対して肯定的な態度を抱くほど、定期的に運動したいという気持ちになり、実際に行動する可能性が高くなる、という研究データがあります。つまり、ランニングが好きになるということは、いくつかの要因が重なり、ランニングに対して肯定的な態度を抱くようになった可能性が高いということができます。(Gravelle,Pare,&Laurencelle,1997;Gorely&Gordon,1995)

「肯定的な態度」には2つの要素があります。

1：評価態度

2：感情態度

この2つの態度が肯定的になったとき、嫌いだと思っていたランニングが好きという認知に書き換えられるのです。

1：評価態度とは……その人がランニングは役に立つ、有益なものであると認知するかどうかといった、ランニングに対する価値観のことを言います。

数ある運動のなかでも、他の有酸素運動よりもランニングのほうがはるかに優れていると思える点があれば評価態度は肯定的になります。

ウォーキングよりもはるかに消費カロリーが高く、運動時間を短縮できる。

年齢とともに衰える下肢の筋力を向上させることができる。

骨へのインパクトもあるので骨粗しょう症にも有効。

フルマラソンなんかに出たものなら同年代の方たちから尊敬のまなざしで見られる。

達成感がハンパない。

そしてなんたってあまりお金がかからない。

ランニングには、これだけ多くの評価態度を肯定的にし得る要素が揃っています。

2：感情態度とは……その人がランニングに対して実際に抱いている感情のことを言います。面白いと思うか、つらいと思うか、といった感情です

つらいと思ってしまうのは、脚を止めずに走り続けることがランニングだと勘違いしているからかもしれません。ちょっと走ってキツかったら歩いても構いません。そこで無理に走り続けるメリットは何もありません。歩いてみて少し余裕ができてきたら、また走ってみる。

そんなことを何度も気長に繰り返していると、人体は不思議なもので、徐々に走れる距離が増えていきます。気がついたら途中で歩くのも嫌だし、信号で脚を止めることすら嫌になっている、というのはよくある話です。このようにけっして無理をせず、いつも走り終わった後に「気持ちよかった」と思える経験を積んでいくと、感情態度は肯定的になっていきます。

こうして2つの態度を肯定的にしていくことで、人は走ることに魅了されていくのです。

評価態度に関しては、本書の中でたくさんヒントを出しました。もう一度読み返して、自分の中で評価態度を肯定的にしてくれそうなものを、改めて探しだしてみてください。

感情態度は、まずは自分自身でやってみて、実感してみないとわからないことです。もしまだ走り始めていないのであればすぐに行ってください！　きっと何かを感じるはずです。すでに走り始めてはいるものの、まだ否定的な感情態度が消えない方は、できるだけ肯定的にするために、嫌だと思うことをやめ、楽しいと思えるものだけにしてみてください。

私は2004年から走り始め、20年近く月間80～100キロを走り続けています。それができているのも感情態度が肯定的だからにほかなりません。ですが以前一度、否定的になった

ことがありました。それは自己ベストにこだわりすぎていた時期です。

フルマラソンの自己ベストが3時間13分。ここまできたら3時間切りをしたいですよね。そこから、大嫌いなスピード練習を取り入れなければならない、という状況に自分自身を追い込んでしまいました。徐々に走ることが嫌いになり、まさに感情態度が否定的になってしまっている時期がありました。

おそらくそのままチャレンジをし続けたら、走ることをやめてしまうかもしれないと思ったところできっぱりと諦め、今度は距離にこだわることにしました。スピードよりも距離のほうが好きだったので、一度の練習で60～80キロを走ることもスピード練習とは比べものにならないぐらい楽しく感じました。

みなさんにとっても同じで、自分の気持ちいい、楽しいと思えるかたちでランニングを取り入れていくことで十分なのです。

ランニングしている方ならみなさん共感してくれると思うのですが、「走ろうかな？　でもやめておこうかな？」と悩んでいても、実際に走ったら「やっぱり走ってよかった～！」と、必ず思います。そのことを考えたら、迷ったときには走らないという選択はなくなります。

この本があなたのランニングのメンター（指導者・助言者）になれたらとてもうれしく思います。ぜひ、一歩を踏み出してみてください！

フィジカルトレーナー
中野ジェームズ修一

中野ジェームズ修一

米国スポーツ医学会認定運動生理学士　スポーツモチベーション 最高技術責任者
フィジカルトレーナー協会（PTI）代表理事
心理学や精神分析学を基にした理論で、日本では数少ないメンタルとフィジカルの両面を指導できるトレーナーとして活躍している。マラソンの神野大地選手の個人トレーナーをはじめ、数多くのオリンピック出場者を指導する。そして2014年からは青山学院大学駅伝チームのフィジカル強化も担当。自身が技術責任者を務める東京・神楽坂にある会員制パーソナルトレーニング施設「CLUB100」は、無理なく楽しく運動を続けられる施設として、幅広い層から支持されている。ベストセラー書および講演多数。

参考文献

『医師に運動しなさいと言われたら最初に読む本』（日経BP）
『セルフ・エフィカシーの臨床心理學』（北大路書房）
『究極のトレーニング』（講談社）
『リカバリー』（NAP）
『運動脳』（サンマーク出版）
『タイプA行動の診断と治療』（金子書房）
『ランニング障害のリハビリテーションとリコンディショニング』（文光堂）

ミドルエイジからの〝がんばりすぎない〟ランニング

発行日　2023年9月30日　初版第1刷発行

著者　中野ジェームズ修一
発行者　小池英彦
発行所　株式会社 扶桑社
〒105-8070　東京都港区芝浦1-1-1　浜松町ビルディング
電話 03-6368-8870（編集）
03-6368-8891（郵便室）
www.fusosha.co.jp
印刷・製本　中央精版印刷株式会社
デザイン　bookwall
イラスト　内山弘隆
協力　RETO RUNNING CLUB
校正　小西義之
構成　神津文人
編集　佐藤弘和
DTP　ローヤル企画

ISBN 978-4-594-09509-3